मै कौन हूं

written by **Monk Stories**

₹ 299

(Contact: Contact.monkstories@gmail.com)

Disclaimer

This book, **Mai Kaun Hoon**, is written for spiritual awareness, self-reflection, and inner growth. The insights shared here are based on the author's study, experience, and understanding of consciousness, the self, and ancient wisdom.

This work is not intended to replace professional medical, psychological, or legal advice. The content is provided for educational and philosophical purposes only. Readers are encouraged to use their own discretion and personal responsibility while applying any practice or insight mentioned in this book.

The author does not claim absolute authority, but offers this knowledge as guidance drawn from lived experience and contemplation. Each reader's journey is unique, and results may vary according to individual awareness, sincerity, and practice.

By reading this book, the reader acknowledges that the author shall not be held responsible for any direct or indirect outcomes arising from the interpretation or application of its content.

प्रवेश से पूर्व

यह पुस्तक **"मै कौन हूं"** शब्दों का कोई संग्रह नहीं है, बल्कि एक निमंत्रण है—स्वयं से स्वयं की मुलाकात का। हम पूरी उम्र दुनिया को जानने में बिता देते हैं, पर उस 'मैं' से अपरिचित रह जाते हैं जो इस पूरी दुनिया का अनुभव कर रहा है। यह किताब आपको बाहर की भीड़ से खींचकर आपके भीतर के उस एकांत में ले जाएगी, जहाँ सत्य मौन रहकर प्रतीक्षा कर रहा है।

अक्सर हम जिसे 'मैं' समझते हैं, वह केवल समाज द्वारा पहनाया गया एक मुखौटा है। कभी हम नाम बन जाते हैं, कभी पद, तो कभी शरीर की सीमाएं। यह पुस्तक **"अहंकार के आवरण"** को एक-एक कर उतारने की एक प्रक्रिया है। यह आपको बताती है कि आप वह विचार नहीं हैं जो उठते और गिरते हैं, न ही आप वह भावनाएं हैं जो लहरों की तरह आती हैं। आप तो वह **'साक्षी'** हैं, जो इन लहरों को उठते हुए देख रहा है।

जैसे-जैसे आप इन पन्नों को पलटेंगे, आप पाएंगे कि **देह, मन और बुद्धि** केवल उपकरण हैं, आपका असली स्वरूप इनसे कहीं विराट है। **"मौन की पुकार"** आपको उस शून्य की ओर ले जाएगी जहाँ भाषा समाप्त होती है और बोध शुरू होता है। यहाँ मृत्यु का भय मिट जाता है, क्योंकि आप उस तत्व को पहचान लेते हैं जो समय और काल से परे, **अनादि और अनंत** है।

Monk Stories द्वारा संकलित यह अनुभव उन हज़ारों साधकों की अंतर्दृष्टि का निचोड़ है, जिन्होंने खोज की इस अग्नि में स्वयं को तपाया है। यह ग्रंथ आपको कुछ 'नया' सिखाने का दावा नहीं करता, बल्कि आपको वह 'याद' दिलाने आया है जिसे आप हमेशा से जानते थे, बस भूल गए थे।

यदि आप इस यात्रा पर निकलने को तैयार हैं, तो याद रहे—यह पुस्तक समाप्त होने पर आप वह नहीं रहेंगे जो इसे शुरू करते समय थे। अब पन्ना पलटिए, और अपने **'वास्तविक अस्तित्व'** में प्रवेश कीजिए।

विषय सूची

भाग.1
अहंकार के आवरण
मैं कौन नहीं हूँ

➢ नाम और पहचान का पर्दा

जब मनुष्य जन्म लेता है, तो उस समय ना नाम होता है, ना पहचान, ना कोई उपाधि। उसकी आँखों में बस निष्कपट अस्तित्व की चमक होती है, जैसे अभी-अभी अनंतता से उतरकर आया हो। परंतु संसार उसे तुरंत पकड़ लेता है— एक नाम दिया जाता है, परिवार, धर्म, जाति बताई जाती है,और उसी क्षण उसकी असली पहचान पर पहला परदा पड़ जाता है।

धीरे-धीरे बच्चा उन शब्दों को ही स्वयं समझने लगता है।वह यह मान बैठता है "मैं वही हूँ जो लोग मुझे बुलाते हैं। मैं वही हूँ जिस रूप में समाज मुझे पहचानता है।" और यहीं से आत्मभ्रम की यात्रा शुरू होती है। जो 'मैं' अनंत था, वह कुछ अक्षरों में बंध जाता है।

जीवन का सबसे अद्भुत रहस्य यह है कि मनुष्य खुद को कभी नहीं खोता,वह बस दूसरों द्वारा दी गई कहानियों में उलझ जाता है। एक छोटा सा नाम, एक सामाजिक पहचान, और मनुष्य सोचने लगता है कि यही उसकी परिभाषा है।

पर क्या सचमुच ऐसा है? यदि नाम बदल दिया जाए, तो क्या मैं बदल जाऊँगा? यदि परिस्थिति बदल जाए, रिश्तों के नाम बदल जाएँ, तो क्या मेरा अस्तित्व भी बदल जाता है? नहीं—वह "कुछ" भीतर वही रहता है। वही साक्षी, वही मौन चेतना, वही उपस्थिति। नाम तो बस मुख से निकली ध्वनि है, पर मनुष्य उसे अपनी असलियत मान बैठता है। यही कारण है कि जब नाम, प्रतिष्ठा या पहचान पर आंच आती है, तो आदमी दुखी हो जाता है। जो सत्य नहीं, उस पर जितना भरोसा करोगे, उतनी पीड़ा मिलेगी।

एक वृद्ध ऋषि कहते थे, "नाम वह पत्ता है जो हवा के साथ उड़ता है, पर आत्मा वह वृक्ष है जो धरती में जड़ें जमाए खड़ा है।"नाम बदल सकता है, स्थिति बदल सकती है, पर जो भीतर है, वह अटल है।

कहते हैं एक राजकुमार बचपन में चोरी होकर एक साधारण परिवार में पल गया। वह खेतों में काम करता, साधारण भोजन करता और खुद को एक सामान्य युवक मानता था। सालों बाद राजमहल के सैनिक उसे ढूंढ निकाले। उन्होंने उसे बताया कि वह राजवंश का वारिस है, उसका नाम, राजसी पहचान और अधिकार उससे छिन गए थे, पर उसके राजत्व का स्वरूप कभी नहीं बदला। पहले तो उसे विश्वास नहीं हुआ, परन्तु जैसे ही सत्य को स्वीकारा, उसकी चाल, दृष्टि और स्वरूप बदलने लगे। क्या बदला? न शरीर बदला, न आत्मा— बस पहचान का पर्दा गिरा, और सत्य प्रकट हो गया।

हम सब उसी राजकुमार जैसे हैं। हमने अपने आप को नामों और संबोधनों में खो दिया है। किसी ने कहा "तुम ये हो", हमने मान लिया। किसी ने कहा "तुम वो नहीं हो", हमने मान लिया और धीरे-धीरे हम स्वयं को भूल बैठे।

सच ये है कि नाम केवल उपयोग का साधन है, संबोधन है, सुविधा है— परंतु असली "मैं" नहीं। नाम और प्रतिष्ठा को जो सत्य मान लेता है, वह जीवन भर संघर्ष करता है।जिस दिन मनुष्य समझ लेता है कि नाम एक आवरण है, वह भीतर उतरना शुरू कर देता है।

मौन में बैठो तो नाम कहाँ रहता है? गहरी नींद में नाम कहाँ चला जाता है? दर्द के पल में, प्रेम के क्षण में, भक्ति की आंखों में बहते आँसुओं में नाम का क्या अर्थ रह जाता है? उसी जगह "मैं" सबसे साफ होता है— नाम के बिना, शोर के बिना, इतिहास के बिना , सिर्फ शुद्ध उपस्थिति।

कबीर ने इसी सत्य को सहज शब्दों में कहा—

"जिन खोजा तिन पाइयाँ, गहरे पानी पैठ , मैं बपुरा बूड़ा रहा, रहा किनारे बैठ।"

अर्थात जो सच को पाना चाहता है, उसे भीतर उतरना होगा। किनारे पर, नाम पर, पहचान पर टिककर सत्य नहीं मिलता। सत्य वहीं है जहाँ शब्द समाप्त होते हैं और अनुभव शुरू होता है।

जब मनुष्य समझ लेता है कि नाम केवल एक परिचय है, तब वह दूसरों के शब्दों में जीना छोड़ देता है। वह अपने मौन में उतरता है और वहाँ उसे मिलता है एक ऐसा "मैं" जो ना किसी भाषा में है, ना किसी धर्म में, ना किसी इतिहास में। वह "मैं" केवल अनुभव है, एक गहरी शांति, एक अदृश्य ज्योति।

हमारे भीतर एक सत्य प्रतीक्षा करता है , वह पुकारता नहीं, वह बस रहता है। वह कहता नहीं "मैं यह हूँ" वह केवल उपस्थिति है"मैं हूँ।" बस इतना ही, और यहीं से सब शुरू होता है।

जिस दिन यह समझ में आ जाता है कि नाम उपयोग है, पर सत्य नहीं उस दिन मनुष्य मुक्त हो जाता है। फिर वह दुनिया में चलता है, काम करता है, पर भीतर उसकी पहचान चुप और शांत रहती है— भूमिकाओं से परे, शब्दों से परे, नाम से परे।

यह अध्यात्म का पहला द्वार है: स्वयं से भ्रम हटाना। जब तक मनुष्य यह नहीं समझता कि नाम आवरण है, तब तक वह स्वयं को कैसे पहचानेगा? सारी साधना का सार यही है— पहले यह जानो कि तुम वह नहीं हो जो दुनिया ने कहा है। फिर धीरे-धीरे वह दिखाई देगा जो तुम हमेशा से हो और जब यह ज्ञान भीतर उतरता है, तो मन स्वयं कह उठता है— "मैं

नाम नहीं, मैं इतिहास नहीं, मैं केवल वह हूँ जो सदा से है।" उसी क्षण आत्मा मुस्कुरा देती है, और जीवन में पहली बार मनुष्य सचमुच जागता है।

➢ शरीर केवल मेरा उपकरण

मनुष्य जब दर्पण में स्वयं को देखता है, तो उसे लगता है कि वही उसका "स्वरूप" है — यह देह, यह चेहरा, यह रूप। किंतु दर्पण केवल प्रतिबिंब दिखाता है, सत्य नहीं। यही भूल सबसे गहरी है। जिस शरीर को हम "मैं" समझते हैं, वह तो केवल एक माध्यम है — आत्मा का उपकरण, चेतना का वस्त्र, उस अदृश्य सत्ता का आवरण जो हमें जीवन देती है। शरीर हमारे अस्तित्व का आधार नहीं, बल्कि उसकी अभिव्यक्ति का साधन है। यह शरीर मिट्टी, जल, अग्नि, वायु और आकाश — पाँच तत्वों का संयोजन है। जब यह पंचमहाभूत एक साथ रहते हैं, तो जीवन का प्रवाह चलता है। जैसे एक वीणा तब तक मधुर ध्वनि उत्पन्न करती है जब तक उसकी तारें सधी हों, वैसे ही शरीर भी तब तक सजीव है जब तक प्राण इसमें प्रवाहित है। जब प्राण निकल जाता है, तब वही शरीर जिसे हम "मैं" कहते थे, राख बनकर मिट्टी में विलीन हो जाता है। फिर प्रश्न उठता है — जो राख हो गया, वह "मैं" कैसे हो सकता है?
कबीरदास इसी भ्रम पर प्रहार करते हुए कहते हैं—

"माटी कहे कुम्हार से, तू क्या रौंदे मोय।
एक दिन ऐसा आएगा, मैं रौंदूँगी तोय॥"

यह दोहा केवल देह की नश्वरता का वर्णन नहीं, बल्कि आत्मबोध की याद दिलाता है। शरीर जिस मिट्टी से बना है, उसी में लौट जाना उसका धर्म है। शरीर पर गर्व करना उतना ही मूर्खतापूर्ण है जितना किसी वस्त्र पर स्वयं का गौरव समझ लेना। वस्त्र बदलता है, शरीर बदलता है, किंतु जो उसे धारण करता है, वह नहीं बदलता।

हम अपने शरीर से इतनी गहरी पहचान बना लेते हैं कि उसकी सीमाएँ ही हमारी सीमाएँ बन जाती हैं। भूख लगे तो "मैं भूखा हूँ", दर्द हो तो "मैं पीड़ित हूँ", वृद्धावस्था आए तो "मैं बूढ़ा हो गया" — परंतु क्या वास्तव में "मैं" भूखा होता है, या यह केवल शरीर की अनुभूति है? जब हम ध्यानपूर्वक इस प्रश्न को देखते हैं, तो समझ में आता है कि शरीर अपनी आवश्यकताओं के माध्यम से जीवन जीता है, पर चेतना उनसे भिन्न है। शरीर को अन्न चाहिए, पर आत्मा को शांति चाहिए। शरीर को विश्राम चाहिए, पर आत्मा को मौन।

मनुष्य तब तक अस्थिर रहता है जब तक वह शरीर से अपनी पहचान जोड़ता है। क्योंकि शरीर परिवर्तनीय है, नश्वर है। जब बालक था तब जो शरीर था, वह अब नहीं है। युवावस्था का शरीर भी कुछ वर्षों में बदल जाएगा। हर कोशिका, हर ऊतक निरंतर बदलता रहता है।

विज्ञान भी कहता है कि सात वर्षों में हमारा पूरा शरीर नवीन कोशिकाओं से बन जाता है। तो क्या सात वर्ष पहले का “मैं” अब भी वही है? नहीं। परंतु अनुभव करने वाला “मैं” वही है — वही साक्षी जो इस परिवर्तन को देख रहा है। यही साक्षी आत्मा है। देह उसका वाहन है, जैसे राजा का रथ। राजा रथ से चलता है, पर वह रथ नहीं है।

मनुष्य का सबसे बड़ा भ्रम यह है कि उसने साधन को साध्य समझ लिया है। शरीर का उद्देश्य आत्मा की अनुभूति के लिए है, न कि अहंकार के प्रदर्शन के लिए। जब हम केवल देह के प्रति आसक्त हो जाते हैं, तब हम उस सच्चे “स्वयं” से दूर हो जाते हैं। देह की सुंदरता, ताकत, रूप या रंग क्षणिक हैं , पर चेतना की ज्योति अनादि है। वही सच्चा सौंदर्य है जो कभी मुरझाता नहीं।

कबीर इस रहस्य को सहज शब्दों में कहते हैं—

“तन को जोग न होती, मन को जोग होय।
तन के जोगी जोग में, जनम गवावै सोय॥”

अर्थात जो केवल शरीर को साधना समझता है, वह जीवन व्यर्थ करता है। शरीर का जोग नहीं, मन का जोग आवश्यक है। शरीर को तपाने से नहीं, उसे साधन बनाकर भीतर उतरने से सच्चा योग उत्पन्न होता है।

जब हम ध्यान में बैठते हैं, तो शरीर स्थिर हो जाता है, पर भीतर कुछ और चल रहा होता है — एक साक्षी, जो शरीर की स्थिरता को भी देख रहा है। यही आत्मानुभूति की शुरुआत है। धीरे-धीरे हमें यह स्पष्ट दिखने लगता है कि यह शरीर तो बाहर का आवरण है, जैसे मंदिर की दीवारें, पर भीतर विराजमान देवता आत्मा है। देह की सीमा वहीं समाप्त होती है जहाँ साक्षीभाव आरंभ होता है।

एक बार एक साधक अपने गुरु से बोला — “गुरुदेव, जब मैं ध्यान करता हूँ, तो मेरा शरीर दुखने लगता है, मन भटक जाता है, क्या इसका अर्थ है कि मैं ध्यान में असफल हूँ?” गुरु ने उत्तर दिया — “नहीं, इसका अर्थ है कि तू अभी भी अपने शरीर को स्वयं मान रहा है। जब तू यह जान लेगा कि तू शरीर नहीं, बल्कि शरीर को देखने वाला है, तब शरीर का दुःख भी तुझसे दूर हो जाएगा।”

यह वाक्य साधक के भीतर बिजली की तरह कौंध गया। उसने महसूस किया कि उसका शरीर तो केवल माध्यम है — वह असली “मैं” नहीं।

शरीर के प्रति यह गहरी समझ जब आती है, तब जीवन का दृष्टिकोण बदल जाता है। तब व्यक्ति अपने स्वास्थ्य का ध्यान रखता है, पर उससे आसक्त नहीं होता। वह शरीर को साधन मानता है, न कि स्वामित्व। जैसे एक संगीतकार अपने वाद्ययंत्र को साफ-सुथरा

रखता है, क्योंकि वही उसके स्वर का माध्यम है, पर वह उसे स्वयं नहीं समझता। जब मनुष्य यह जान लेता है कि "शरीर मेरा उपकरण है", तब मृत्यु का भय समाप्त हो जाता है। क्योंकि मृत्यु केवल उपकरण का परिवर्तन है, वाद्ययंत्र का टूटना है, न कि संगीत का अंत। आत्मा संगीत है — निरंतर, अविनाशी, अनादि।

गीता में भगवान कृष्ण कहते हैं—

"वासांसि जीर्णानि यथा विहाय,
नवानि गृह्णाति नरोऽपराणि।
तथा शरीराणि विहाय जीर्णानि,
अन्यानि संयाति नवानि देही॥"

अर्थात जैसे मनुष्य पुराने वस्त्र छोड़कर नए वस्त्र धारण करता है, वैसे ही आत्मा पुराने शरीर को त्यागकर नया शरीर धारण करती है।

यह श्लोक केवल दार्शनिक नहीं, बल्कि अनुभवजन्य सत्य है। जो इसे समझ लेता है, वह मृत्यु को अंत नहीं, संक्रमण मानता है।

आत्मा देह के भीतर नहीं रहती, बल्कि देह आत्मा के भीतर विद्यमान है — जैसे सागर में तरंगें। तरंग सागर से अलग नहीं, पर सागर तरंग से बड़ा है। शरीर आत्मा की तरंग है, पर चेतना सागर है। जब तक हम केवल तरंग को देखते हैं, हम सीमित रहते हैं। जब सागर को देख लेते हैं, हम अनंत में प्रवेश करते हैं।

जीवन का अर्थ तब ही स्पष्ट होता है जब यह बोध स्थायी हो जाता है कि यह शरीर "मेरा" है, पर "मैं" यह शरीर नहीं हूँ। शरीर का सम्मान इसलिए नहीं कि वह "मैं" हूँ, बल्कि इसलिए कि वह "मेरा साधन" है। यह साधन उसी प्रकार पूज्य है जैसे दीपक — जिसमें जलने वाला तेल समाप्त हो सकता है, पर प्रकाश का स्रोत शाश्वत है।

जब यह बोध स्थायी हो जाता है कि "शरीर केवल मेरा उपकरण है", तब आत्मा का प्रकाश अपने आप फैलने लगता है। तब मनुष्य क्रोध, भय, लोभ, दुःख से मुक्त हो जाता है, क्योंकि वह जान लेता है कि जो बदलता है, वह "मैं" नहीं हूँ। वह केवल देखता है — कैसे शरीर जन्म लेता है, बदलता है, और एक दिन मिट जाता है, पर देखने वाला "मैं" सदा बना रहता है। वही "मैं" आत्मा है — अनादि, अविनाशी, असीम और शरीर। केवल उसका वाद्य, उसके स्वर का उपकरण।

➢ **विचार-भावनाएँ अलग सत्ता**

मनुष्य का मन एक अथाह सागर है — लहरों से भरा, सतत गतिमान, कभी शांत, कभी तूफ़ानी। यही मन हमारी दुनिया बनाता है। हम जैसा सोचते हैं, वैसा अनुभव करते हैं। किंतु सबसे बड़ी भूल यह है कि हमने अपने विचारों और भावनाओं को स्वयं समझ लिया है। "मैं दुखी हूँ", "मैं प्रसन्न हूँ", "मैं चिंतित हूँ", "मैं प्रेम में हूँ" — इन सब वाक्यों में "मैं" और "भावना" का अद्भुत मिलन है, परंतु सत्य यह है कि "मैं" इन भावनाओं से भिन्न हूँ।विचार और भावनाएँ आत्मा की नहीं, मन की लहरें हैं। वे आती हैं, ठहरती हैं, और फिर विलीन हो जाती हैं।

जिस प्रकार आकाश बादलों से ढँक जाता है, पर स्वयं भीगता नहीं । उसी प्रकार आत्मा विचारों और भावनाओं से आच्छादित हो सकती है, पर उनसे प्रभावित नहीं होती। हमारा सारा दुःख इसीलिए है कि हमने बादलों को ही आकाश मान लिया है।

कबीरदास जी कहते हैं -

"मन के मूरख मनहि बसे, मन ही मन भ्रमाय।
ज्यों जल में छाया रही, तिन देखत भुलाय॥"

मन स्वयं में उलझा हुआ है — अपनी ही छाया में भटकता हुआ। विचार वही छाया हैं जो आत्मा के प्रकाश में बनती हैं। जब प्रकाश स्थिर होता है, छाया स्वतः विलीन हो जाती है। मनुष्य अपने विचारों के प्रति जितनी आसक्ति रखता है, उतना ही वह अपनी शुद्ध चेतना से दूर चला जाता है। विचार समय के सापेक्ष हैं — आज एक, कल दूसरा। कल जो सत्य लगा था, आज मिथ्या प्रतीत होता है। जो भावना कल आनंद देती थी, आज वही पीड़ा का कारण बन जाती है। परंतु "मैं" जो इन सबका साक्षी है न कभी बदलता है, न किसी विचार से दूषित होता है।

भावनाएँ उस नदी की तरह हैं जो पहाड़ों से उतरती हैं — कभी तीव्र, कभी मंद। वे अपने साथ कई अनुभवों की मिट्टी बहाती हैं, और कभी-कभी हमारे भीतर की स्वच्छ झील को मलीन कर देती हैं। पर यदि हम उन्हें बहने दें, उनसे चिपकें नहीं, तो वही भावनाएँ धीरे-धीरे निर्मल जल की तरह पारदर्शी हो जाती हैं। तब मन शांत नहीं, बल्कि गहरा हो जाता है।

यह समझना अत्यंत आवश्यक है कि भावना का आना और जाना "मैं" के होने या न होने का प्रमाण नहीं है।क्रोध आया वह मन की प्रतिक्रिया थी। प्रेम आया — वह भी मन की लहर थी। दुःख और सुख, दोनों का आधार अनुभव हैं, पर अनुभव करने वाला कौन है? वह "मैं" जो इन सबको देखता है, वह न कभी क्रोधित होता है, न प्रसन्न, वह केवल साक्षी है।

विचार और भावनाएँ एक-दूसरे से जुड़ी हुई हैं — जैसे वायु और गंध। विचार का स्वरूप शब्द है, और भावना का स्वरूप अनुभूति। विचार मन में उठता है "मुझे यह चाहिए", और

उसी के साथ भावना जन्म लेती है "यदि मिला तो आनंद, न मिला तो दुःख।" यही बंधन की जड़ है। जो "मुझे" शब्द से प्रारंभ होता है, वही "मेरा" के बंधन में जकड़ जाता है।

जब हम ध्यान में उतरते हैं, तो सबसे पहले विचारों की गति स्पष्ट दिखने लगती है। वे आते हैं, जाते हैं, टकराते हैं, और कभी-कभी एक तूफ़ान खड़ा कर देते हैं। पर यदि हम केवल उन्हें देखने लगें — बिना प्रतिक्रिया के , तो धीरे-धीरे उनकी शक्ति कम होने लगती है। यही साक्षीभाव है, जहाँ विचारों और भावनाओं को देखा जाता है, पर अपनाया नहीं जाता। साक्षीभाव वह मौन स्थिति है जहाँ मन की आवाज़ सुनाई देती है, पर हमें विचलित नहीं करती।

शरीर से दूरी बनाना अपेक्षाकृत सरल है, पर मन से दूरी बनाना सबसे कठिन। क्योंकि शरीर को हम देख सकते हैं, पर मन अदृश्य है। विचार भीतर इतने गहराई तक घुले हैं कि हम उन्हें अपने "स्वरूप" का हिस्सा मान लेते हैं। मन हमें बार-बार यह भ्रम देता है कि "मैं सोच रहा हूँ", "मैं निर्णय ले रहा हूँ", पर सत्य यह है कि विचार स्वयं उत्पन्न होते हैं। विचार हमारे द्वारा नहीं, हमारे माध्यम से प्रवाहित होते हैं। हम केवल उन पर ध्यान केंद्रित करते हैं, और उन्हें "अपना" मान लेते हैं।

वेदों में कहा गया है —

"मन एव मनुष्याणां कारणं बन्धमोक्षयोः।"

अर्थात मन ही मनुष्य के बंधन और मुक्ति दोनों का कारण है। यदि हम मन से पहचान बना लें तो बंधन, यदि हम मन को केवल उपकरण समझें तो मुक्ति।

जीवन की प्रत्येक भावना, प्रत्येक विचार, केवल एक अतिथि है। वे आते हैं, अपना प्रभाव डालते हैं, और चले जाते हैं।परंतु घर का स्वामी — आत्मा , सदा वही रहता है। जब अतिथि को स्वामी समझ लिया जाता है, तब घर में अव्यवस्था फैल जाती है। यही हमारी दशा है — विचारों को स्वामी बना लिया गया है, जबकि वे केवल आगंतुक हैं।

एक क्षण के लिए यदि हम ठहर जाएँ, आँखें बंद करें, और भीतर देखें — तो हमें स्पष्ट महसूस होगा कि विचार हमारे सामने से गुजर रहे हैं, जैसे आकाश में बादल और यदि हम यह जान लें कि हम बादल नहीं, आकाश हैं — तो भीतर की स्थिरता पुनः स्थापित हो जाती है। उस मौन में एक अनुपम शांति उतरती है, जो किसी शब्द में नहीं बंध सकती। यही मौन साक्षी है — और वही सच्चा "मैं" है।

कबीरदास ने कहा—

"मन लागो मेरो यार फकीरी में।
जो मन जीते, सो जग जीते।"

जिसने अपने मन को जीत लिया, उसने सारा जग जीत लिया, क्योंकि उसने स्वयं को जान लिया। मन को जीतना इसका दमन नहीं, बल्कि उसकी प्रवृत्ति को पहचानना है। जब यह पहचान स्पष्ट होती है कि विचार और भावनाएँ आत्मा नहीं, केवल मन की गतियाँ हैं, तब व्यक्ति सहज रूप से मुक्त हो जाता है। वह अब किसी विचार से नहीं लड़ता, न किसी भावना से भागता है। वह केवल देखता है और देखने में ही मुक्ति है।

जैसे नदी का जल बहते हुए सागर तक पहुँचता है, वैसे ही मन के सारे विचार, भावनाएँ, प्रतिक्रियाएँ अंततः चेतना के सागर में विलीन हो जाती हैं। और जब यह विलय होता है, तब "मैं सोचता हूँ" की जगह केवल "मैं हूँ" बचता है।यह "मैं हूँ" विचाररहित उपस्थिति है — न सुख, न दुःख, केवल अस्तित्व का अनुभव।

➢ समाज द्वारा दी गई भूमिकाएँ

मनुष्य का जन्म होते ही वह किसी न किसी भूमिका में बाँध दिया जाता है — किसी का पुत्र, किसी की पुत्री, किसी जाति का अंग, किसी धर्म का अनुयायी, किसी राष्ट्र का नागरिक। धीरे-धीरे इन सबके साथ इतने लेबल जुड़ जाते हैं कि सच्चा "मैं" इन नामों के पीछे दब जाता है। यह दुनिया एक विराट रंगमंच है, और हम सभी उस पर अपने-अपने किरदार निभा रहे हैं। किंतु समस्या तब आरंभ होती है जब हम किरदार को स्वयं समझने लगते हैं।

शिशु जब जन्म लेता है, तब उसमें कोई भूमिका नहीं होती, न कोई पहचान। उसका हँसना, रोना, देखना , सब सहज है, निष्पाप है। पर जैसे-जैसे वह समाज में बढ़ता है, उसे बताया जाता है कि वह कौन है — "तू अमुक घर का है", "तू यह धर्म मानता है", "तू ऐसा बन", "वैसा मत कर।" यह निर्देश उसके मन में धीरे-धीरे जड़ पकड़ लेते हैं। वह स्वयं को वैसे ही देखने लगता है जैसे समाज उसे दिखाता है और इसी क्षण आत्मा पर पहला पर्दा पड़ता है — भूमिका का आवरण।

यह भूमिका कभी पिता की होती है, कभी पुत्र की, कभी नारी की, कभी किसी पेशे की। इन सबमें कोई दोष नहीं, क्योंकि समाज का संतुलन इन्हीं भूमिकाओं से चलता है। किंतु जब मनुष्य भूल जाता है कि ये भूमिकाएँ केवल अस्थायी वस्त्र हैं, तब वह भ्रम में जीने लगता है। जो व्यक्ति अपने पद या संबंध को "स्वयं" समझ बैठता है, उसका जीवन प्रतिक्रियाओं से भर जाता है। जब पद गिरता है तो वह टूट जाता है, जब सम्मान घटता है तो वह दुखी हो जाता है, क्योंकि उसने अपने "स्व" को उन परिस्थितियों से बाँध रखा है जो क्षणभंगुर हैं।

कबीरदास इस अहंकार की जड़ पर प्रहार करते हुए कहते हैं—

"माया महा ठगिनी हम जानी।

तिरगुन फाँस लिये कर डोरे, बोले मीठे बानी॥"

माया यहाँ केवल भौतिक नहीं, बल्कि सामाजिक माया भी है — जो हमें अपने जाल में बाँधती है, हमें यह विश्वास दिलाती है कि हम वही हैं जो समाज कहता है। पर जैसे ही कोई मनुष्य भीतर देखता है, वह पाता है कि इन भूमिकाओं के नीचे एक ऐसी सत्ता है जो किसी परिचय की मोहताज नहीं।

समाज का स्वभाव है पहचान देना, और आत्मा का स्वभाव है पहचान से परे रहना। समाज हमें ढाँचे देता है , वह कहता है कि सफल होना ऐसा है, असफल होना वैसा। वह तय करता है कि कौन पूजनीय है, कौन तुच्छ।लेकिन आत्मा इन परिभाषाओं से परे है। वह न ऊँची है न नीची, न अमीर न गरीब, न पुरुष न स्त्री। वह केवल "सत्ता" है — निर्विकल्प, निरपेक्ष, असीम। जब यह बोध गहराता है, तब व्यक्ति समाज में रहते हुए भी समाज से मुक्त हो जाता है। वह भूमिका निभाता है, पर उसमें खोता नहीं।

जैसे अभिनेता मंच पर राजा की भूमिका निभाता है, पर भीतर जानता है कि वह राजा नहीं है, वैसे ही ज्ञानी व्यक्ति जीवन के नाटक में सम्मिलित रहता है, पर उसे पता है कि यह सब केवल अभिनय है। अभिनेता मंच पर रो भी सकता है, हँस भी सकता है, पर उसे भीतर एक सहज जागरूकता रहती है कि यह अभिनय है — यही जागरूकता आत्मज्ञान का आरंभ है।

लोग कहते हैं — "मैं पिता हूँ", "मैं माँ हूँ", "मैं नेता हूँ", "मैं शिक्षक हूँ" — परंतु क्या इन सब नामों के बिना भी "मैं" अस्तित्व में नहीं रहता? जब भूमिका समाप्त होती है, जब मंच खाली होता है, तब भी कोई है जो इन सबका साक्षी है। वही साक्षी हमारा वास्तविक स्वरूप है।

समाज ने हमें अनगिनत नकाब पहनाए हैं। हम हर परिस्थिति में अलग चेहरा लगा लेते हैं । घर में एक, बाहर दूसरा, कार्यस्थल पर तीसरा। इन सब नकाबो के पीछे जो नंगा सत्य है, वही आत्मा है और जब कोई साधक इन नकाबो को एक-एक कर उतारता है, तो अंततः केवल मौन बचता है — ऐसा मौन जिसमें कोई नाम, कोई पद, कोई पहचान नहीं रहती।

यह समझ तब आती है जब व्यक्ति भीतर उतरना आरंभ करता है। जब वह स्वयं से पूछता है "क्या मैं वही हूँ जो लोग मेरे बारे में कहते हैं?"और भीतर से उत्तर आता है "नहीं, मैं तो वह हूँ जो यह सब सुनता है, पर इनमें खोता नहीं।" यही आत्मचेतना का प्रथम स्पर्श है।

वेदांत कहता है — "नेति नेति" अर्थात "यह नहीं, यह नहीं।" यह पिता नहीं, यह पुत्र नहीं, यह पति नहीं, यह नाम नहीं, यह धर्म नहीं यह सब अस्थायी पहचानें हैं। जब सब "नहीं" हट जाता है, तब जो "है" बचता है, वही आत्मा है।

समाज के नियम आवश्यक हैं, किंतु वे साधन हैं, सत्य नहीं। जब व्यक्ति उन नियमों को आत्मा की सीमा बना देता है, तब बंधन उत्पन्न होता है। कबीर ने इसी स्थिति को देखकर कहा—

"पोथी पढ़ि पढ़ि जग मुआ, पंडित भया न कोय।
ढाई आखर प्रेम का, पढ़े सो पंडित होय॥"

यह "ढाई आखर" प्रेम का अर्थ है — वह करुणा और साक्षीभाव जो भूमिकाओं के पार है। जिसके भीतर यह प्रेम जाग्रत होता है, वह समाज के सभी ढाँचे निभाता है, पर उनमें उलझता नहीं। वह जानता है कि ये भूमिकाएँ केवल दायित्व हैं, आत्मा की परिभाषा नहीं।

जीवन तब सहज होता है जब मनुष्य यह समझ लेता है कि समाज ने जो नाम और जिम्मेदारियाँ दी हैं, वे उसकी असली पहचान नहीं, बल्कि उसके अनुभव का अवसर हैं। जब कोई पिता प्रेमपूर्वक अपने पुत्र का पालन करता है, पर भीतर जानता है कि यह भी एक भूमिका है, तो उसमें करुणा होती है, पर आसक्ति नहीं। जब कोई शिक्षक अपने शिष्यों को ज्ञान देता है, पर भीतर जानता है कि ज्ञान का स्रोत वह नहीं, बल्कि चेतना है, तो उसमें विनम्रता रहती है। ऐसा व्यक्ति समाज का अंग भी है और उससे मुक्त भी , वह संसार में है, पर संसार उसके भीतर नहीं।

जो व्यक्ति अपनी भूमिका से परे जाकर स्वयं को देखता है, वही सच्चा साधक है। वह जानता है कि जीवन एक विशाल रंगमंच है, और हर जन्म एक नया अभिनय। जब परदा गिरता है, भूमिका समाप्त हो जाती है, पर अभिनेता शेष रहता है। यही आत्मा है वह जो न जन्म से आरंभ होती है, न मृत्यु से समाप्त। वह अनादि अभिनेता है जो अनेक देहों, नामों, भूमिकाओं में खेलता आया है, पर स्वयं कभी परिवर्तित नहीं होता।

जब यह बोध पूर्ण होता है, तब भीतर से एक गहरा मौन फूटता है । एक ऐसी शांति जो किसी सम्मान, किसी संबंध, किसी समाज पर निर्भर नहीं। वह व्यक्ति अब "कोई" नहीं रह जाता, और इसी में वह सब कुछ बन जाता है। उसके भीतर से एक सहज स्वर उठता है —

"न मैं ब्राह्मण, न मैं क्षत्रिय, न मैं गृहस्थ, न संन्यासी।न मैं राजा, न मैं दास — मैं केवल साक्षी।"

भाग.2
अस्तित्व
देह-मन-बुद्धि से परे

➢ शरीर मात्र पृथ्वी का तत्व

जब हम "मैं" शब्द का उच्चारण करते हैं, तो सबसे पहले जो छवि हमारे मन में आती है, वह हमारे शरीर की होती है। हम अपने चेहरे, अपने रूप, अपनी ऊँचाई, अपनी त्वचा और अपनी चाल को ही "मैं" मान लेते हैं। पर क्या यही "मैं" हूँ? यह प्रश्न जितना सरल दिखता है, उतना ही गहरा है। आध्यात्मिक यात्रा यहीं से आरंभ होती है। जहाँ मनुष्य अपने शरीर को देखना आरंभ करता है, न कि उससे जुड़ जाना।

शरीर, पृथ्वी के पाँच तत्वों से बना है — पृथ्वी, जल, अग्नि, वायु, आकाश। यह पाँचों तत्व मिलकर एक ऐसा यंत्र बनाते हैं, जिसके माध्यम से आत्मा इस संसार का अनुभव करती है। वेदांत कहता है "अयं देहः पृथिव्यां जातः, पृथिव्यां एव लीयते।"अर्थात् यह शरीर पृथ्वी से उत्पन्न हुआ है और पृथ्वी में ही विलीन हो जाएगा। इस सत्य को समझने के बाद यह भ्रम समाप्त हो जाता है कि शरीर ही "मैं" हूँ।

मनुष्य जब तक शरीर को स्वयं समझता है, तब तक भय उसके जीवन का स्थायी अंग बना रहता है। वह मृत्यु से डरता है, रोग से डरता है, वृद्धावस्था से डरता है, क्योंकि उसे लगता है कि शरीर के नष्ट होने से वह स्वयं भी नष्ट हो जाएगा। लेकिन जो व्यक्ति यह देख लेता है कि शरीर केवल एक उपकरण है, एक वाहन है, वह भय से मुक्त हो जाता है। जैसे कोई व्यक्ति अपनी गाड़ी को देखभाल के साथ रखता है, पर यह नहीं भूलता कि वह गाड़ी स्वयं नहीं है, वैसे ही ज्ञानी व्यक्ति शरीर की देखभाल करता है, पर उसमें आसक्त नहीं होता।

शरीर की सीमाएँ स्पष्ट हैं उसे भोजन चाहिए, विश्राम चाहिए, उपचार चाहिए। वह दर्द महसूस करता है, थकान अनुभव करता है और अंततः जीर्ण होकर मिट्टी में मिल जाता है। पर जो "साक्षी" इन सबको देख रहा है, क्या वह भी मिट जाता है? वह तो वही रहता है न वृद्ध होता है, न बीमार, न नष्ट।

उपनिषद कहता है—

"न जायते म्रियते वा कदाचित्।"

(आत्मा न कभी जन्म लेती है, न कभी मरती है।)

शरीर बदलता है जैसे वस्त्र बदलते हैं, पर पहनने वाला वही रहता है। यह बोध जब भीतर गहराता है, तब व्यक्ति का दृष्टिकोण ही बदल जाता है। वह अब केवल शरीर के सुख-दुख में नहीं जीता, बल्कि आत्मा की शांति में जीना सीखता है।

एक बार एक साधक अपने गुरु से बोला—"गुरुदेव, मैं मृत्यु से बहुत डरता हूँ।"गुरु मुस्कुराए और बोले "जिससे तू डरता है, वह तू नहीं। शरीर मिटेगा, पर तू मिट नहीं सकता।"फिर गुरु ने उसे एक दीपक दिखाया । दीपक की लौ को जलते हुए देखकर बोले,

"यह लौ देख, यह देह है।जब तेल समाप्त होता है, लौ बुझती है। पर अग्नि मिटती नहीं, वह केवल रूप बदलती है।" साधक मौन रह गया, क्योंकि उसने उसी क्षण अपने भीतर की अग्नि को महसूस किया जो अमर है।

हमारे जीवन का अधिकांश भाग शरीर की आवश्यकताओं को पूरा करने में बीतता है। हम उसे सुंदर बनाते हैं, आभूषणों से सजाते हैं, स्वादों से भरते हैं। पर जो उसके भीतर का द्रष्टा है, उसे भूल जाते हैं। शरीर, आत्मा का मंदिर है, किंतु हम मंदिर की दीवारों को रंगते रहते हैं और भीतर विराजमान देवता को देखना भूल जाते हैं। जब मनुष्य इस भूल को पहचानता है, तब उसके भीतर एक गहरी विनम्रता जागती है कि "यह शरीर मेरा नहीं, यह तो प्रकृति का दिया हुआ एक अमूल्य साधन है।"

यह समझ जब स्थिर होती है, तब व्यक्ति का व्यवहार भी बदलता है। वह अब शरीर के आकर्षण या विकार में नहीं उलझता। वह जानता है कि सुंदरता का माप शरीर नहीं, चेतना है। वह दूसरों के शरीर को देखकर ईर्ष्या नहीं करता, क्योंकि वह जानता है कि हर शरीर केवल एक अस्थायी खोल है। यह दृष्टि मनुष्य को करुणा और समानता से भर देती है। अब वह किसी को ऊँचा या नीचा नहीं मानता, क्योंकि सबके भीतर वही चेतना विद्यमान है।

जब यह ज्ञान भीतर दृढ़ होता है कि "शरीर पृथ्वी का है, मैं नहीं," तब जीवन सहज हो जाता है। बीमारी आने पर व्यक्ति दुखी नहीं होता, क्योंकि वह समझता है यह शरीर की अवस्था है, आत्मा की नहीं। मृत्यु समीप आने पर भी वह भयभीत नहीं होता, क्योंकि वह जानता है यह केवल परिवर्तन है, अंत नहीं।

कबीर ने इसी सत्य को सरल शब्दों में कहा—

"जब मैं था तब हरि नहीं, अब हरि हैं मैं नाहीं।
सब अँधियारा मिट गया, दीपक देखा माहीं॥"

यह "दीपक" आत्मा है जो शरीर के माध्यम से प्रकाश दे रही है। जब साधक इस दीपक को पहचान लेता है, तब उसे यह समझ आने लगती है कि शरीर का जन्म और मरण केवल बाहरी परिवर्तन है, भीतर का प्रकाश अनादि और अविनाशी है।

जिस दिन यह अनुभव जीवित होता है, उस दिन व्यक्ति पहली बार वास्तव में जीना शुरू करता है। अब उसका हर कर्म सजगता से होता है। भोजन करते समय वह जानता है कि यह शरीर को पोषण देना है, न कि आत्मा को । विश्राम करते समय वह देखता है कि शरीर को विश्राम चाहिए, आत्मा तो सदा जागृत है। वह अब शरीर के पीछे नहीं भागता, बल्कि उसके माध्यम से अपने अस्तित्व को जानने लगता है। तभी उसका जीवन साधना बन जाता है एक शांत, साक्षी यात्रा, जिसमें शरीर केवल एक पथिक का उपकरण है, मंजिल नहीं।

जब शरीर के प्रति यह साक्षीभाव जन्म लेता है, तब भीतर से एक सूक्ष्म अनुभव उठता है कि "मैं देह नहीं, देह मेरा पात्र है।" और जैसे-जैसे यह अनुभव गहराता है, वैसे-वैसे भय, मोह और मृत्यु का बंधन टूटता जाता है। फिर व्यक्ति न शरीर से प्रेम करता है, न उससे विरक्ति रखता है । वह केवल उसे साधन की तरह उपयोग करता है, जैसे कोई संगीतकार अपने वाद्य को प्रेमपूर्वक साधता है, पर जानता है कि संगीत स्वयं वाद्य नहीं है।

यही वह बिंदु है जहाँ मनुष्य देह से परे जाना शुरू करता है। शरीर तब बाधा नहीं, बल्कि सेतु बन जाता है उस पार जाने का और जब यह पार मिल जाता है, तब व्यक्ति अनुभव करता है कि मैं न यह देह हूँ, न यह मन , मैं तो वह साक्षी हूँ जो इन दोनों को देख रहा है। यही आत्मज्ञान की पहली झलक है, और यही मुक्ति का प्रथम द्वार।

➢ मन सूचना का प्रवाह है

मनुष्य का मन किसी ठोस वस्तु की तरह नहीं है जिसे छुआ या देखा जा सके। यह किसी नदी की तरह है, जो निरंतर बहती रहती है — विचारों, स्मृतियों, इच्छाओं, भय और अनुभवों का अनवरत प्रवाह। इस प्रवाह की कोई स्थायी आकृति नहीं होती, क्योंकि हर क्षण उसमें कुछ नया जुड़ता रहता है और कुछ पुराना मिटता रहता है। मन दरअसल एक सूचना प्रणाली है , एक ऐसी धारा जिसमें असंख्य सूचनाएँ निरंतर प्रवेश करती हैं और बाहर निकलती हैं। यही कारण है कि मनुष्य का व्यवहार, उसका दृष्टिकोण, और उसकी समझ हर दिन बदलती रहती है।

मन के स्तर पर जीवन केवल अनुभवों का संचयन नहीं है, बल्कि सूचनाओं का आदान-प्रदान है। जब हम किसी व्यक्ति से बात करते हैं, किसी दृश्य को देखते हैं, किसी संगीत को सुनते हैं या किसी शब्द को पढ़ते हैं — तब ये सब मन में सूचनाओं के रूप में अंकित हो जाते हैं। धीरे-धीरे ये सूचनाएँ मिलकर विचारों का रूप लेती हैं, और विचार भावनाओं को जन्म देते हैं। इस प्रकार मन केवल विचार करने की शक्ति नहीं, बल्कि सूचनाओं का केंद्र है । जहाँ अनुभव, ज्ञान और स्मृति एक जाल की तरह जुड़े हुए हैं।

मन का स्वभाव ही गति है। जैसे हवा को पकड़ा नहीं जा सकता, वैसे ही मन को किसी बिंदु पर रोका नहीं जा सकता। वह निरंतर बदलता है, रूपांतरित होता है, और अपने संपर्क में आई हर चीज़ का प्रतिबिंब धारण कर लेता है। यही कारण है कि ध्यानग्रंथों में कहा गया है — "मन जैसा देखे, वैसा ही बन जाए।" यदि वह भय को देखे तो भयग्रस्त हो जाएगा, यदि प्रेम को देखे तो प्रेममय हो जाएगा। मन अपने संपर्कों का प्रतिबिंब है और यह प्रतिबिंब ही जीवन के प्रति हमारी दृष्टि को आकार देता है।

मन की यह प्रवाहमानता दो धाराओं में चलती है — एक बाहरी और एक आंतरिक। बाहरी धारा इंद्रियों के माध्यम से आती है। जो हम देखते हैं, सुनते हैं, छूते हैं या सूंघते हैं। यह बाहरी सूचना मन को जगत से जोड़ती है। दूसरी धारा है भीतर की — जिसमें स्मृति, कल्पना और अनुभवों का संग्रह रहता है। जब बाहरी सूचना भीतर की स्मृति से टकराती है, तो अनुभव जन्म लेता है। यही अनुभव हमें यह अहसास कराते हैं कि "मैं" सोच रहा हूँ या "मुझे" ऐसा महसूस हो रहा है। वास्तव में यह "मैं" कोई अलग सत्ता नहीं, बल्कि सूचनाओं के इस टकराव से उत्पन्न एक भ्रमित पहचान है।

मन की सबसे बड़ी विशेषता यही है कि वह हर चीज को अर्थ देने की कोशिश करता है। कोई भी घटना घटे, तो मन तुरंत पूछता है "यह क्यों हुआ?", "इसका मतलब क्या है?"। यह प्रश्न पूछने की प्रवृत्ति ही सूचना को ज्ञान में बदलती है। लेकिन जब यही प्रवृत्ति नियंत्रण से बाहर हो जाती है, तब मन भ्रमित होने लगता है। वह हर समय कुछ-न-कुछ सोचता रहता है, जैसे एक रेडियो जो कभी बंद नहीं होता। ऐसी स्थिति में सूचना का प्रवाह इतना तेज़ हो जाता है कि उसकी दिशा खो जाती है। तब मन अपने ही बनाए जाल में फँस जाता है, और शांत नहीं रह पाता।

यदि हम मन को केवल एक उपकरण की तरह देखें — जैसे कंप्यूटर का प्रोसेसर , तो हमें समझ में आएगा कि यह सूचना को संग्रहित और प्रसारित करता है, परंतु वह स्वयं सूचना नहीं है। जैसे कंप्यूटर में आने वाली फाइलें उसके अंदर नहीं ठहरतीं, वैसे ही विचार भी मन में स्थायी नहीं रहते। लेकिन मनुष्य की भूल यही है कि वह इन सूचनाओं को "अपना" मान लेता है । वह सोचता है कि "मेरे विचार", "मेरी भावनाएँ", "मेरी स्मृतियाँ"। इस "मेरेपन" का भाव ही मन को बंधन में डाल देता है। जब तक मन सूचना के प्रवाह को "स्वत्व" से जोड़ता रहेगा, तब तक वह अशांत रहेगा।

गौर कीजिए, जब हम मौन में बैठते हैं और अपने भीतर झाँकते हैं, तो पाते हैं कि विचारों की लहरें एक के बाद एक उठ रही हैं । बिना किसी क्रम, बिना किसी स्पष्ट स्रोत के। कभी बचपन की कोई याद आ जाती है, कभी भविष्य का कोई डर। यह सब इसलिए है क्योंकि मन में सूचना का प्रवाह निरंतर चलता रहता है। ध्यान का उद्देश्य इस प्रवाह को रोकना नहीं, बल्कि उसके प्रेक्षक बनना है। जब साधक इस प्रवाह को देखने लगता है, बिना उसमें बहने के, तब वह पहली बार समझता है कि मन केवल सूचना है, और मैं उससे परे हूँ।

मन की शुद्धता का अर्थ है , सूचना के इस प्रवाह को संतुलित रखना। यदि इसमें केवल भय, ईर्ष्या, द्वेष जैसी नकारात्मक सूचनाएँ बहेंगी, तो पूरा मानसिक वातावरण विषाक्त हो जाएगा। लेकिन यदि इसमें करुणा, प्रेम और विवेक जैसी ऊर्जाएँ प्रवाहित होंगी, तो मन

स्वयं प्रकाशमय हो उठेगा। इसलिए योग और ध्यान की परंपरा में कहा गया है कि "चित्त का शुद्धिकरण ही मुक्ति की प्रथम सीढ़ी है।" जब चित्त की धारा निर्मल होती है, तब उसमें चेतना का प्रकाश प्रतिबिंबित होता है, और मन धीरे-धीरे मौन में विलीन हो जाता है।

कबीर ने कहा था —

"मन के हारे हार है, मन के जीते जीत।"

यह केवल प्रेरक पंक्ति नहीं, बल्कि गहन मनोवैज्ञानिक सत्य है। मन का अर्थ ही है सूचना का प्रवाह। यदि यह प्रवाह अस्थिर और उलझा हुआ है, तो मनुष्य का जीवन भी वैसा ही हो जाता है। लेकिन जब यही प्रवाह सचेत, नियंत्रित और जागरूक हो जाता है, तब मनुष्य अपने ही भीतर एक नई दिशा अनुभव करता है , जहाँ विचार अब बोझ नहीं, बल्कि साधन बन जाते हैं।

मन को समझ लेना, जीवन को समझ लेने जैसा है। क्योंकि मन वही दर्पण है जिसमें पूरा अस्तित्व प्रतिबिंबित होता है। जब यह दर्पण धूल-धूसरित होता है, तो प्रतिबिंब विकृत दिखता है , लेकिन जब यह साफ होता है, तब वास्तविकता जैसी है, वैसी ही दिखने लगती है। यही अवस्था "स्वाध्याय" की है, जहाँ व्यक्ति अपने मन की धारा को देखता है, उसकी दिशा पहचानता है और उसे चेतना की ओर मोड़ देता है और अंततः यही बोध उत्पन्न होता है कि "मन प्रवाह है, मैं सागर हूँ।" प्रवाह आता-जाता रहेगा, पर मैं वह गहराई हूँ जहाँ सब कुछ ठहर जाता है।

➢ बुद्धि निर्णय का उपकरण

मनुष्य के भीतर अनेक स्तर हैं - इंद्रियाँ अनुभव करती हैं, मन सोचता है, और बुद्धि निर्णय करती है। बुद्धि वह दीपक है जो अनुभव और भावना के बीच का मार्ग प्रकाशित करता है। यदि मन को हम एक बहती हुई नदी मानें, तो बुद्धि उसका किनारा है जो उसे दिशा देता है, सीमा देता है और उसके बहाव को सार्थक बनाता है। बुद्धि का कार्य केवल सोचना नहीं, बल्कि सत्य और असत्य, उचित और अनुचित, स्थायी और अस्थायी के बीच भेद करने की क्षमता है।

मन तो हर क्षण हजारों सूचनाएँ लाता है — इच्छाएँ, भय, लालसाएँ, स्मृतियाँ। परंतु बुद्धि वह द्वारपाल है जो तय करती है कि इनमें से कौन-सी सूचना भीतर प्रवेश करेगी और कौन बाहर रहेगी। यही निर्णय शक्ति मनुष्य को पशु से अलग बनाती है। जब यह निर्णय स्पष्ट, निष्कलुष और विवेकपूर्ण होता है, तभी जीवन में संतुलन और शांति आती है। एक प्राचीन उपनिषद् वचन कहता है —

"बुद्धिर्ग्राह्यमतीन्द्रियम्।" (बुद्धि वह है जो इंद्रियों के परे की वस्तु को ग्रहण कर सके।) इसीलिए बुद्धि केवल तर्क का साधन नहीं, बल्कि अंतर्दृष्टि का उपकरण भी है। यह अनुभवों से परे जाकर उस सत्य को देख सकती है जो आंखें नहीं देख पातीं। पर जब यह बुद्धि मन के प्रभाव में आ जाती है, तब उसका प्रकाश धुंधला हो जाता है।

बुद्धि की सबसे बड़ी परीक्षा तब होती है जब सामने कोई भावनात्मक तूफान खड़ा हो। जब क्रोध, मोह या लोभ का बादल छा जाए, तब विवेक का सूर्य ढँक जाता है। ऐसे में जो व्यक्ति शांत रहकर निर्णय लेता है, वही वास्तव में बुद्धिमान कहलाता है। जैसे कहा गया है —

"धीरज धर्म मित्र अरु नारी,
आपद काल परखिये चारी।"

(विपत्ति के समय ही धैर्य, धर्म, मित्र और नारी का वास्तविक स्वरूप समझ में आता है।) बुद्धि का सार धैर्य है। जो बुद्धि अधैर्य में निर्णय लेती है, वह मन की दासी बन जाती है। जो बुद्धि धैर्य में रहती है, वही साक्षी बनकर देखती है। इस अवस्था में बुद्धि केवल सोचती नहीं वह देखती है, समझती है और फिर निर्णय देती है।

कहा गया है —

"विवेकविहीना नरमति भ्रामक।"

(जिसके पास विवेक नहीं, उसकी बुद्धि उसे भटका देती है।) विवेक बुद्धि का सबसे ऊँचा स्वरूप है। जहाँ निर्णय केवल लाभ या हानि पर नहीं, बल्कि धर्म और सत्य पर आधारित होता है। जब बुद्धि केवल स्वार्थ देखती है, तो वह चालाक बन जाती है और जब बुद्धि सत्य देखती है, तो वह प्रबुद्ध बन जाती है।

एक ऋषि की कथा आती है। एक दिन एक युवक उनके पास आया और बोला, "गुरुदेव, मुझे समझ नहीं आता कि सही क्या है और गलत क्या।"ऋषि मुस्कुराए और बोले, "जब तुम्हारे भीतर कोई बात बार-बार शांति को भंग करे, समझो वह गलत है और जो बात भीतर सुकून लाए, वही सही है। बुद्धि का सबसे सच्चा संकेत तुम्हारा आंतरिक मौन है।"

मनुष्य के निर्णय का आधार बाहरी शोर नहीं, बल्कि भीतर की शांति होनी चाहिए। क्योंकि वही शांति उस प्रकाश को जन्म देती है जिसे हम विवेक कहते हैं। यही कारण है कि गीता में श्रीकृष्ण कहते हैं —

"बुद्धियुक्तो जहातीह उभे सुकृतदुष्कृते।"

(जिसकी बुद्धि स्थिर है, वह शुभ और अशुभ दोनों से ऊपर उठ जाता है।) बुद्धि को स्थिर रखने का अर्थ है। परिस्थितियों से ऊपर उठकर देखना। जब मनुष्य यह देख पाता है कि परिस्थिति बदल सकती है, पर सत्य नहीं बदलता, तब उसका निर्णय शुद्ध हो जाता है। परंतु

बुद्धि का प्रकाश तभी स्थायी बनता है जब उसका स्रोत आत्मा हो, अहंकार नहीं। क्योंकि जब निर्णय "मैं" और "मेरा" से जुड़ जाता है,तो बुद्धि पक्षपाती हो जाती है। पर जब निर्णय केवल "क्या सत्य है?" से प्रेरित होता है, तब बुद्धि दिव्य बन जाती है।

संत रैदास ने कहा था —

"मन चंगा तो कठौती में गंगा।"

(यदि मन निर्मल हो तो हर स्थान पवित्र बन जाता है।)

बुद्धि को निर्मल बनाए रखने का एक ही उपाय है। वह हर निर्णय से पहले स्वयं से पूछे "क्या यह भय से प्रेरित है या प्रेम से?"यदि निर्णय भय से प्रेरित है, तो वह बंधन लाएगा और यदि वह प्रेम से प्रेरित है, तो मुक्ति देगा। क्योंकि प्रेम बुद्धि को सीमित नहीं करता, बल्कि उसे व्यापक बना देता है।

बुद्धि का वास्तविक उद्देश्य केवल समस्या हल करना नहीं, बल्कि मनुष्य को स्वयं से जोड़ना है। जब निर्णय भीतर से आता है शांति और करुणा से भरा हुआ तब वही जीवन का सच्चा मार्गदर्शक बनता है और जब बुद्धि अहंकार या भय से संचालित होती है, तो वह प्रकाश नहीं, धुआँ बन जाती है। कहावत है —

"समझ बूझ कर चलने वाला कभी नहीं गिरता।"

यह वही समझ, वही बूझ बुद्धि का सार है। बुद्धि जब परिपक्व हो जाती है, तो वह केवल निर्णय नहीं करती वह देखती है कि हर निर्णय में जीवन की दिशा छिपी है।

इसलिए बुद्धि को साधो, उसे शुद्ध करो, क्योंकि वही वह साधन है जो अंधकार से प्रकाश की ओर ले जाता है। यही वह दीपक है जो मन के भ्रमित रास्तों को रोशन करता है और अंततः यह सिखाता है कि निर्णय वही सही है, जो भीतर के मौन से निकला हो।

➢ मैं साक्षी चेतना हूँ, साधन नहीं

मनुष्य के जीवन में सबसे बड़ा भ्रम यह है कि वह स्वयं को अपने साधनों के माध्यम से पहचानने लगता है। शरीर, मन, बुद्धि, नाम, पद या विचार — इन्हीं सबको वह अपने "स्व" का प्रतीक मान बैठता है। परंतु इन सबके पीछे कुछ ऐसा है जो न तो शरीर है, न मन, न बुद्धि, बल्कि इन सबको देखता, अनुभव करता और जानता है। वही सत्ता "साक्षी चेतना" है। मनुष्य जब तक स्वयं को अपने साधनों से जोड़ता रहता है, तब तक वह अपने वास्तविक स्वरूप से अनभिज्ञ रहता है। पर जब यह पहचान जागती है कि "मैं" इन साधनों का उपयोग करने वाला हूँ, न कि इनसे बना हूँ, तभी जीवन का असली अध्याय खुलता है।

शरीर एक उपकरण है, मन विचारों की गति है, बुद्धि निर्णय की धार है लेकिन इन सबके पार जो देखता है, जो अनुभव करता है, जो जागरूक है, वह मैं हूँ। यह चेतना न शरीर के साथ जन्म लेती है, न मृत्यु के साथ समाप्त होती है। यह सदा रहती है, जैसे आकाश बादलों के आने-जाने से नहीं बदलता। वही चेतना हर अनुभव को देखती है सुख, दुःख, क्रोध, प्रेम, भय पर स्वयं इनमें लिप्त नहीं होती। मनुष्य की भूल यही है कि वह अपने अनुभवों से स्वयं को जोड़ लेता है। जब क्रोध आता है तो कहता है "मैं क्रोधित हूँ", जब भय आता है तो कहता है "मैं भयभीत हूँ", पर यदि वह थोड़ी देर ठहरकर देखे तो पाएगा कि "क्रोध आया और चला गया, भय आया और चला गया पर मैं तो वही हूँ"। जो यह देख रहा है, वही साक्षी है। वह मन के परिवर्तन को देखता है, शरीर के बदलाव को देखता है, यहाँ तक कि बुद्धि के निर्णयों को भी देखता है। वह देखता है, पर देखा नहीं जा सकता।

यही साक्षी चेतना जीवन का मूल है। वह साधन नहीं है, क्योंकि साधन सीमित होते हैं, थकते हैं, नष्ट होते हैं। चेतना नष्ट नहीं होती। साधन चलते हैं, पर चेतना सदा स्थिर रहती है। यही स्थिरता ही वह शांति है, जिसकी खोज हर मनुष्य करता है। कबीर ने कहा था —

"साधन सब जग दीखते, साधक कोई एक ।
देखत देखत रह गया, अंतस में जो देख।।"

जो भीतर के देखने वाले को पहचान लेता है, उसे बाहर किसी साधन की आवश्यकता नहीं रहती, क्योंकि साक्षी का अनुभव ही मुक्ति का अनुभव है।

साक्षी चेतना न आनंद की खोज करती है, न दुःख से भागती है। वह दोनों को समान रूप से देखती है। जब यह पहचान भीतर गहराती है, तब जीवन की दिशा बदल जाती है। व्यक्ति अब क्रिया करता है, पर भीतर मौन रहता है। वाणी बोलती है, पर शांति बनी रहती है। कर्म चलता है, पर अहंकार अनुपस्थित होता है। गीता कहती है — "उदासीनवदासीनो गुणैर्यो न विचाल्यते" जो साक्षी भाव में स्थित रहता है, वह गुणों के स्पर्श से विचलित नहीं होता। यह साक्षी भाव जीवन से भागना नहीं है, बल्कि जीवन को पूरी तरह देखना है।

जब साधक ध्यान में बैठता है और धीरे-धीरे शरीर की सीमा खोने लगता है, मन की आवाजें मंद पड़ने लगती हैं, विचारों की गति थमने लगती है तब भीतर एक मौन प्रकट होता है। वह मौन कोई शून्यता नहीं बल्कि जागरूकता है। यह ऐसा मौन है जिसमें सब कुछ उपस्थित है पर कुछ भी बाँधता नहीं। यह वही क्षण है जहाँ साधक अपने भीतर के साक्षी को पहचानता है। इस स्थिति में अनुभवकर्ता और अनुभव का भेद मिटने लगता है। सब कुछ होता है, पर "मैं" अब सिर्फ देखने वाला रह जाता है।

दादूदयाल ने कहा था — “जो देखे सो कहे नहीं, जो कहे सो देखे नहीं।” जो साक्षी को पहचान लेता है, वह मौन हो जाता है क्योंकि वहाँ शब्द की कोई गुंजाइश नहीं रहती। शब्द वहाँ समाप्त हो जाते हैं जहाँ अनुभव पूर्ण होता है। यह साक्षी चेतना किसी धर्म, लिंग या रूप से बंधी नहीं है। यह न हिंदू है, न मुस्लिम, न पुरुष, न स्त्री। यह वही एक सत्ता है जो सबमें समान रूप से विद्यमान है, जो सबको चलाती है, पर स्वयं अचल रहती है।

वास्तव में ध्यान का उद्देश्य कुछ नया प्राप्त करना नहीं, बल्कि उस देखने वाले को पहचानना है जो सदैव से हमारे भीतर विद्यमान है। जब वह पहचाना जाता है, तो जीवन की दृष्टि बदल जाती है। तब व्यक्ति वही कार्य करता है जो पहले करता था, पर भीतर का भाव परिवर्तित हो जाता है। अब कर्म में मोह नहीं होता, सफलता में गर्व नहीं होता, असफलता में पीड़ा नहीं होती। क्योंकि जो देख रहा है, वह इन सब से परे है।

इस अवस्था में व्यक्ति समझता है कि “मैं साक्षी चेतना हूँ, साधन नहीं।” यही अनुभव आत्मज्ञान का सार है। यह जानना कि जो देखता है वही सत्य है और जो दिखाई देता है वह केवल क्षणिक परिवर्तन है। जब यह अनुभव स्थायी हो जाता है, तब व्यक्ति का अस्तित्व अहंकार से मुक्त होकर शुद्ध चेतना में विलीन हो जाता है। वहीं से आत्मा की यात्रा पूर्ण होती है, वहीं से जीवन अपने मूल स्रोत उस असीम, मौन, अनंत चेतन प्रकाश में लौट आता है।

भाग.3
साक्षी भाव
देखने वाला कौन है?

➢ देखने वाले और देखे जाने का अंतर

मनुष्य का समूचा भ्रम इसी एक बिंदु पर टिका है कि वह "देखने वाले" और "देखे जाने वाले" में अंतर नहीं समझ पाता। जब तक यह भेद स्पष्ट नहीं होता, तब तक जीवन एक उलझी हुई कथा बना रहता है; भावनाएँ उसे खींचती हैं, परिस्थितियाँ उसे डगमगाती हैं, और वह अपने ही अनुभवों का दास बना रहता है। परंतु जिस क्षण यह पहचान जागती है कि "मैं वह नहीं जो देखा जा रहा है, बल्कि वह हूँ जो देख रहा है", उसी क्षण भीतर एक गहरी शांति का द्वार खुलता है।

दुनिया निरंतर बदलती रहती है दृश्य बदलते हैं, संबंध बदलते हैं, शरीर बदलता है, विचार बदलते हैं, भावनाएँ उठती और गिरती रहती हैं पर देखने वाला कभी नहीं बदलता। वही तो हर परिवर्तन का साक्षी है। जब बच्चा जन्म लेता है, तब भी वही चेतना देख रही होती है। जब शरीर वृद्ध होता है, तब भी वही चेतना भीतर साक्षी रूप में बनी रहती है। वस्त्र बदल जाते हैं, पर देखने वाला नहीं बदलता। गीता कहती है — "वासांसि जीर्णानि यथा विहाय" जैसे मनुष्य पुराने वस्त्र त्यागकर नए धारण करता है, वैसे ही आत्मा शरीरों को बदलती है, पर स्वयं अछूती रहती है।

मनुष्य अक्सर कहता है "मैं दुखी हूँ", "मैं प्रसन्न हूँ", "मैं थक गया हूँ।" पर यदि वह ध्यान से देखे, तो पाएगा कि जो यह कह रहा है, वह देखने वाला है और जो दुख या थकान है, वह देखा जाने वाला है। यदि मैं सचमुच दुख ही होता, तो दुख के समाप्त होते ही मेरा भी अंत हो जाता पर ऐसा नहीं है। दुख आता है और चला जाता है, सुख आता है और चला जाता है, पर "मैं" जो इन्हें देखता हूँ, वह सदा बना रहता है। यही देखने वाले और देखे जाने वाले का सूक्ष्म अंतर है।

इसी भेद को जानने की साधना ही ध्यान का सार है। जब साधक बैठता है और अपनी आँखें मूँदकर भीतर झाँकता है, तो सबसे पहले उसे अपने विचार दिखते हैं । वे विचार जो दिन-रात मन में आते-जाते रहते हैं। कुछ शुभ, कुछ अशुभ, कुछ स्मृतियाँ, कुछ कल्पनाएँ। वह देखता है कि ये सब आते हैं और चले जाते हैं। फिर वह अनुभव करता है कि जो इन विचारों को देख रहा है, वह अलग है। यही पहला बोध है मैं अपने विचार नहीं हूँ। फिर वह अपने शरीर की ओर दृष्टि करता है साँसें आती-जाती हैं, हृदय धड़कता है, स्नायुएँ चलती हैं पर इन सबका साक्षी कोई और है। तब यह अनुभूति और गहराती है मैं शरीर भी नहीं हूँ।

जो कुछ भी देखा जा सकता है, वह "मैं" नहीं हो सकता, क्योंकि "मैं" तो देखने वाला हूँ। देखने वाला कभी दृष्ट का विषय नहीं बन सकता। जैसे आँख सबको देख सकती है पर स्वयं को नहीं देख पाती, वैसे ही साक्षी चेतना सबका अनुभव करती है पर स्वयं अनुभव का विषय

नहीं बनती। यही आत्मज्ञान का आरंभिक द्वार है। तुलसीदास ने कहा था **"देखत सुनत सब जग माया, जानत रहत न कोउ।"** जो व्यक्ति केवल देखने में उलझा रहा, वह माया के जाल में फँस गया। पर जो देखने वाले को जान गया, वही मुक्त हुआ।

जीवन में जो व्यक्ति देखने वाले और देखे जाने के इस सूक्ष्म भेद को समझ लेता है, वह धीरे-धीरे संसार की उलझनों से ऊपर उठने लगता है। अब उसके लिए सुख-दुःख, सफलता-विफलता एक समान हो जाते हैं। वह अब किसी अनुभव में खोता नहीं, केवल देखता है। उसका देखना अब निस्पृह हो जाता है बिना किसी निर्णय के, बिना किसी पकड़ के। यही देखना "साक्षीभाव" की ओर पहला कदम है।

इस भेद की पहचान केवल बौद्धिक समझ से नहीं होती, बल्कि अभ्यास से आती है। जब-जब जीवन में कोई परिस्थिति आती है । कोई अपमान, कोई प्रशंसा, कोई मोह, कोई हानि और हम रुककर भीतर से यह पूछते हैं, "यह जो हो रहा है, इसे कौन देख रहा है?" तब धीरे-धीरे यह अनुभव स्थायी होने लगता है। हर क्षण यह स्मरण बना रहता है कि "मैं" वह नहीं जो प्रतिक्रिया कर रहा है, बल्कि वह हूँ जो प्रतिक्रिया को देख रहा है।

जैसे समुद्र की लहरें उठती हैं और मिट जाती हैं, पर समुद्र स्वयं अचल रहता है, वैसे ही चेतना में भावनाओं और अनुभवों की लहरें उठती-मिटती रहती हैं, पर साक्षी अडिग बना रहता है। जो व्यक्ति लहरों को ही सत्य मान लेता है, वह दुःख पाता है। जो सागर को पहचान लेता है, वह शांति को प्राप्त करता है।

उपनिषदों ने इस रहस्य को बड़े सुंदर ढंग से कहा — **"द्रष्टा दृष्टये न दर्शनीयः"** देखने वाला स्वयं कभी देखा नहीं जा सकता। वही सर्वत्र व्याप्त चेतना है। जब साधक इस सत्य को आत्मसात कर लेता है, तब उसके भीतर से मोह और भय का अंत हो जाता है। अब कुछ भी उसे छू नहीं सकता, क्योंकि वह जान गया है कि सब दृश्य क्षणिक हैं, केवल देखने वाला ही शाश्वत है।

यही अंतर जानना ही आत्मा की दिशा में पहला कदम है। यह जानना कोई तर्क का विषय नहीं, बल्कि अनुभव का सत्य है। इसे शब्दों से नहीं समझाया जा सकता, इसे केवल जिया जा सकता है। जैसे अंधेरे कमरे में दीया जलाते ही सब स्पष्ट दिखने लगता है, वैसे ही देखने वाले की पहचान होते ही सारा भ्रम मिट जाता है। तब मनुष्य देखता है कि दुनिया जैसी थी, वैसी ही है, पर देखने का दृष्टिकोण बदल गया है। अब वह जानता है "मैं दृश्य नहीं, द्रष्टा हूँ; मैं अनुभव नहीं, अनुभवकर्ता हूँ।"

इस अनुभूति के साथ ही जीवन में सहजता का प्रवाह शुरू होता है। अब व्यक्ति परिस्थितियों से भागता नहीं, उनका साक्षी बनता है। अब वह दूसरों को बदलने की कोशिश

नहीं करता, बल्कि स्वयं के भीतर उस अचल बिंदु को पहचानता है जो सबको देखता है। वहीं से शांति की जड़ें फूटती हैं। वही बिंदु "मैं" का वास्तविक स्वरूप है।

जब यह अनुभव स्थायी हो जाता है, तब मनुष्य अपने भीतर की अमर सत्ता को जान लेता है जो न शरीर के साथ जन्मी थी, न मन के साथ सोचती थी, न बुद्धि के साथ निर्णय करती थी। वह केवल देखती रही, सदा से। यही "मैं" हूँ देखने वाला, शाश्वत साक्षी। यही वह सत्य है जो हर ध्यान, हर साधना, हर धर्म का मूल सार है।

➢ भावना और प्रतिक्रिया में दूरी

मनुष्य का मन भावनाओं का अथाह सागर है। हर क्षण कोई न कोई लहर उठती रहती है कभी प्रेम की, कभी क्रोध की, कभी भय की, कभी उत्साह की। परंतु समस्या तब उत्पन्न होती है जब मनुष्य इन भावनाओं से तुरंत प्रतिक्रिया करने लगता है। भावना आती है और वह बिना देखे, बिना समझे, उसी क्षण उससे जुड़ जाता है। यही जुड़ाव ही उसे असंतुलन की ओर ले जाता है। जो व्यक्ति भावना और प्रतिक्रिया के बीच थोड़ी-सी दूरी बना लेता है, वही अपने भीतर की शांति को पहचानने लगता है।

भावना का आना स्वाभाविक है वह प्रकृति का अंग है। परंतु प्रतिक्रिया वह हमारी चेतना की पसंद है।

जब कोई हमें अपमानित करता है, तो अपमान की भावना उठती है यह स्वाभाविक है। पर हम उसी क्षण क्रोध से प्रतिक्रिया करें या भीतर मौन रहकर उसे देखें, यह हमारे विवेक पर निर्भर करता है। यही वह सूक्ष्म क्षण है जहाँ साधक और असाधक में अंतर दिखता है। साधक रुकता है, देखता है, और फिर प्रतिक्रिया नहीं, उत्तर देता है सजग होकर, साक्षी बनकर।

भावना और प्रतिक्रिया के बीच की यह जगह ही हमारी सच्ची स्वतंत्रता है। यही वह क्षण है जहाँ हम "स्वयं" होते हैं। पश्चिम के एक संत विक्टर फ्रैंकल ने कहा था — **"Stimulus and response के बीच एक स्थान है। उसी स्थान में हमारी स्वतंत्रता है।"** यह वाक्य केवल दर्शन नहीं, साधना का सार है। जब हम इस स्थान को पहचान लेते हैं, तब जीवन का प्रत्येक अनुभव एक शिक्षक बन जाता है।

मनुष्य अक्सर भावनाओं को दबाने या उनसे भागने की कोशिश करता है, पर यह मार्ग नहीं है। भावनाओं से भागने वाला व्यक्ति भीतर और गहराई से बंध जाता है। साक्षी का मार्ग उन्हें देखने का है बिना दमन के, बिना पहचान के। क्रोध उठे तो उसे देखो, ईर्ष्या उठे तो देखो, भय उठे तो देखो। जैसे आकाश बादलों को देखता है, पर उनमें उलझता नहीं।

भावनाओं को देखना ही उन्हें रूपांतरित करने की कला है। जो व्यक्ति देख लेता है, वह अब भावनाओं के अधीन नहीं रहता।

कबीर ने कहा था —**"मन के हारे हार है, मन के जीते जीत।"** मन की लहरें जब उठती हैं और हम उन्हें अपनी पहचान मान लेते हैं, तब हम हार जाते हैं। पर जब हम उन्हें आते-जाते देख लेते हैं, तब जीत हमारी होती है। जीत बाहर किसी और पर नहीं, भीतर स्वयं पर होती है।

भावना जब आती है तो उसके साथ ऊर्जा आती है। यदि हम सजग न हों तो यह ऊर्जा प्रतिक्रिया बन जाती है शब्द, कर्म या हिंसा के रूप में। लेकिन यदि हम देखना सीख लें, तो वही ऊर्जा जागरूकता में बदल जाती है। क्रोध आता है यदि हम सजग रहें, तो वही क्रोध "स्पष्टता" बन सकता है। भय आता है वही भय "सावधानी" में बदल सकता है। इस प्रकार हर भावना भीतर रूपांतरित हो सकती है, यदि हम उसके और अपने बीच थोड़ी दूरी बना लें।

यही दूरी साधक की परिपक्वता का माप है। जितनी दूरी भावनाओं और प्रतिक्रियाओं के बीच होगी, उतनी ही शांति भीतर होगी। ध्यान का अभ्यास इसी दूरी को बढ़ाने का साधन है। ध्यान हमें सिखाता है कि हर विचार, हर भावना को आते-जाते देखें । बिना उन्हें अच्छा या बुरा ठहराए। धीरे-धीरे यह देखने की क्षमता गहराती है, और एक दिन व्यक्ति देखता है कि भावनाएँ उठती हैं, पर वह अचल है; वे चलती हैं, पर वह स्थिर है।

महापुरुषों के जीवन में यही सजगता झलकती है। बुद्ध के सामने अपमान हुआ, पर वे मौन रहे। मीरा पर अत्याचार हुआ, पर वे गाती रहीं। महावीर को पत्थर मारे गए, पर उनकी करुणा अडिग रही। यह उनके भीतर की "दूरी" का परिणाम था। उन्होंने अपनी भावनाओं और प्रतिक्रियाओं के बीच विशाल अंतर बना लिया था । इतना कि भावना आती थी, पर प्रतिक्रिया का अधिकार वे किसी को नहीं देते थे।

यह दूरी कोई दमन नहीं है। यह ठंडापन नहीं, बल्कि ऊँचाई है। यह वह बिंदु है जहाँ भावना जलती है, पर चेतना जलती नहीं। जो व्यक्ति इस ऊँचाई पर जीता है, वही सच्चे अर्थों में "जीवंत" है। क्योंकि वही जानता है कि जीवन में आने वाली हर स्थिति एक तरंग मात्र है, और मैं वह सागर हूँ जो उसे धारण करता है।

रैदास ने कहा था -

"साँई इतना दीजिए, जामे कुटुम समाय ।
मैं भी भूखा न रहूँ, साधु न भूखा जाय ।।"

यह दोहा केवल भौतिक संतुलन की नहीं, भावनात्मक संतुलन की प्रार्थना भी है। जीवन में इतना ही भावनात्मक स्थान मिले कि न मैं दमन करूँ, न अति प्रतिक्रिया दूँ बस भीतर से समता बनी रहे।

भावना और प्रतिक्रिया के बीच की दूरी ही साधक को भीतर के साक्षी तक पहुँचाती है। यही वह मार्ग है जहाँ भावनाएँ अब बाधा नहीं रहतीं, बल्कि सीढ़ियाँ बन जाती हैं। हर भावना अब एक संकेत बन जाती है कि कुछ भीतर है जिसे देखना बाकी है। धीरे-धीरे जब यह देखना सहज हो जाता है, तब प्रतिक्रिया स्वयं गिर जाती है। तब व्यक्ति भावनाओं में नहीं बहता, भावनाओं को बहते हुए देखता है और यही देखना यही जागरूकता आत्मानुभूति की भूमि तैयार करती है। क्योंकि जब भावनाओं का तूफान शांत हो जाता है, तब भीतर मौन उतरता है।

और उसी मौन में साक्षी का प्रकाश प्रकट होता है। वहीं से वह जान पाता है कि "मैं" भावनाएँ नहीं हूँ, "मैं" वह हूँ जो उन्हें देखता है।

इस अनुभूति के साथ जीवन की दिशा बदल जाती है। अब किसी के शब्द हमें विचलित नहीं करते, किसी की प्रशंसा हमें उड़ाती नहीं, किसी की निंदा हमें गिराती नहीं। अब भीतर एक अदृश्य दूरी बनी रहती है — प्रेम के साथ, करुणा के साथ, पर समता के साथ। यही साक्षी की यात्रा का दूसरा चरण है जहाँ हम भावना और प्रतिक्रिया के बीच एक शांत पुल बना लेते हैं। उसी पुल पर चलकर आत्मा अपने स्रोत तक लौटती है — उस अचल, मौन, असीम साक्षी चेतना तक।

➢ अनुभव बदलते हैं, साक्षी एक है

जीवन अनुभवों की निरंतर धारा है — हर क्षण कुछ न कुछ घट रहा है, कुछ नया जुड़ रहा है, कुछ पुराना मिट रहा है। सुख आता है, दुःख जाता है, आशा जन्म लेती है, निराशा विलीन हो जाती है; संबंध बनते हैं, टूटते हैं; ऋतुएँ आती हैं, बदलती हैं। लेकिन इन सब परिवर्तनों के बीच कुछ ऐसा है जो कभी नहीं बदलता — जो हर अनुभव को देख रहा है, हर क्षण का साक्षी है। वही "मैं" हूँ।

मनुष्य का जीवन अनुभवों के प्रति उसकी पहचान से ही बँधा है। कोई कहता है, "मैं प्रसन्न हूँ," कोई कहता है, "मैं दुखी हूँ," पर वे यह नहीं देख पाते कि जो यह कह रहा है, वह प्रसन्नता या दुःख नहीं, बल्कि वह सत्ता है जो उन्हें देख रही है। अनुभव आते हैं, रहते हैं, और चले जाते हैं — पर देखने वाला सदा वही रहता है। यही शाश्वत साक्षी का रहस्य है।

भगवद्गीता में श्रीकृष्ण कहते हैं —

“नासतो विद्यते भावो नाभावो विद्यते सतः।”

जो असत्य है, उसका अस्तित्व नहीं, और जो सत्य है, उसका अभाव नहीं। अनुभव असत्य नहीं हैं, पर वे स्थायी भी नहीं हैं। उनका आना-जाना उनके अस्थायित्व को सिद्ध करता है। जो स्थायी है वही “सत्य” है, वही “साक्षी” है। जो यह सब बदलते हुए देख रहा है, वह स्वयं नहीं बदलता। यही आत्मा का स्वरूप है।

हम अपने अनुभवों के साथ इतना तादात्म्य बना लेते हैं कि उनसे बाहर देख ही नहीं पाते। यदि दुःख आता है, तो हम कहते हैं “मैं दुखी हूँ,” जबकि सच्चाई यह है कि दुःख एक अनुभव है “मैं” उसका दर्शक हूँ। जब यह दृष्टि जागती है, तब मनुष्य अनुभवों से बँधना छोड़ देता है। वह समझ जाता है कि अनुभवों की दुनिया स्वप्न की तरह है अभी है, अगले क्षण नहीं रहेगी। पर स्वप्न देखने वाला तो वही रहता है।जिस प्रकार आकाश में मेघ आते हैं, बरसते हैं, और फिर विलीन हो जाते हैं, पर आकाश अपरिवर्तित रहता है, वैसे ही चेतना में अनुभव आते-जाते रहते हैं, पर चेतना न छूती है, न मिटती है। वही स्थिर साक्षी है, जो हर परिवर्तन में अचल है।

दार्शनिक एपिक्टिटस ने कहा था —

“It’s not what happens to you, but how you respond to it that matters.” परंतु आत्मद्रष्टा कहेगा “यह भी नहीं कि मैं कैसे प्रतिक्रिया करता हूँ, बल्कि यह कि कौन वह है जो प्रतिक्रिया को देख रहा है।” जब यह प्रश्न भीतर गूँजता है, तब मनुष्य अनुभवों के बंधन से मुक्त होने लगता है।

हर अनुभव के भीतर एक गहरा संदेश छिपा होता है। सुख कहता है “यह भी क्षणिक है”; दुःख कहता है “यह भी बीत जाएगा” और साक्षी कहता है — “मैं सदा यहाँ हूँ।” जब यह तीसरी आवाज भीतर पहचानी जाती है, तब साधक अनुभवों की भीड़ में खोता नहीं, बल्कि प्रत्येक अनुभव में स्वयं को पहचानने लगता है।

जीवन के विभिन्न चरण — बाल्यावस्था, युवावस्था, प्रौढ़ावस्था, वृद्धावस्था सब बदलते हैं, पर जिस “मैं” ने इन्हें जिया, वह नहीं बदलता। बालक का “मैं” और वृद्ध का “मैं” एक ही है। शरीर बदल गया, विचार बदल गए, भावनाएँ बदल गईं, पर “मैं हूँ” की अनुभूति वही रही। यह “मैं हूँ” ही साक्षी का संकेत है।

छांदोग्य उपनिषद कहता है —

“तत्त्वमसि — तू वही है।” यानी तू वही चेतना है जो सबमें समान रूप से विद्यमान है अनुभवों के पार, समय और परिवर्तन से परे।

जब व्यक्ति इस सत्य को गहराई से जान लेता है, तब उसका जीवन सहज और शांत हो जाता है। अब वह किसी अनुभव को पकड़ने की कोशिश नहीं करता, क्योंकि वह जान गया है कि हर अनुभव अस्थायी है। जो आता है, वह जाएगा। जो मिलता है, वह छूटेगा। लेकिन जो देख रहा है, वह अडिग है, अमर है। यही साक्षी भाव है।

एक साधक के जीवन में यह अनुभव ऐसे खिलता है जैसे कमल की पंखुड़ियाँ सूरज की रोशनी से खुलती हैं। पहले वह अनुभवों के रंग में बहता है, फिर एक दिन उसे भीतर की नीरवता की झलक मिलती है। वह देखता है कि अनुभव तो आकाश में उड़ते पक्षियों की तरह हैं आते हैं, थमते हैं और अंततः विलीन हो जाते हैं। लेकिन आकाश तो वही है अनंत, निश्चल, विस्तृत।

गीता में भगवान कहते हैं —

"समदुःखसुखं धीरं सोऽमृतत्वाय कल्पते।" — जो सुख-दुःख में सम रहता है, वही अमरत्व के योग्य है।

यह समता तभी संभव है जब हम अनुभवों के पार साक्षी को पहचानते हैं। जब हम यह जान लेते हैं कि अनुभव केवल "घटनाएँ" हैं, और मैं केवल "द्रष्टा" हूँ, तब भीतर एक अडिग मौन उतरता है। अब अनुभव आते हैं तो भी भीतर हलचल नहीं होती; वे जाते हैं, तो भी खालीपन नहीं होता।

यह स्थिति कोई तपस्या से अर्जित नहीं होती, यह पहचान से उत्पन्न होती है। यह जानने से कि "मैं" अनुभव नहीं हूँ, बल्कि अनुभवों का जानने वाला हूँ। जो यह जान लेता है, उसके लिए संसार अब वैसा नहीं रहता। वही कार्य, वही संबंध, वही जीवन पर दृष्टि बदल जाती है। अब हर अनुभव ईश्वर का नृत्य लगता है और वह स्वयं उस नृत्य का साक्षी।

महात्मा बुद्ध ने कहा था —

"सब कुछ परिवर्तनशील है। जब तुम यह देख लेते हो, तो तुम्हारा चिपकाव समाप्त हो जाता है।"

अनुभवों से चिपकाव ही दुख का कारण है। जब यह समझ भीतर उतरती है, तब मनुष्य जीवन को सहजता से स्वीकार करने लगता है। अब उसे कुछ प्राप्त करने की हड़बड़ी नहीं, कुछ खोने का भय नहीं। वह बस देखता है जैसे नदी का किनारा बहते जल को देखता है। वही साक्षी भाव है, जहाँ अनुभव बदलते हैं पर देखने वाला सदा स्थिर रहता है।

यह स्थिरता ही आत्मा की शांति है। यही वह आधार है जिस पर संपूर्ण जीवन टिका है। अनुभवों का आना-जाना केवल लहरों का खेल है और साक्षी, वह अचल सागर, चुपचाप उन्हें देखता है। जब यह समझ पूर्ण होती है, तब जीवन में एक अद्भुत सहजता उतरती है।

अब कुछ भी घटे, भीतर शांति बनी रहती है और यहीं से साधक अगली अवस्था में प्रवेश करता है जहाँ साक्षीभाव अब अनुभव नहीं, अस्तित्व बन जाता है। अब वह जानता है कि जीवन बदलता रहेगा, अनुभव बदलते रहेंगे, पर "मैं" जो सब देख रहा है — वही शाश्वत सत्य हूँ।

➢ साक्षीभावः आत्मानुभूति का प्रवेशद्वार

मानव जीवन की यात्रा बाहर से भीतर की ओर चलती है। आरंभ में मनुष्य वस्तुओं, संबंधों, और परिस्थितियों में स्वयं को खोजता है, परंतु धीरे-धीरे जब वह देखता है कि सब कुछ बदलता जा रहा है तब उसके भीतर एक प्रश्न जन्म लेता है "जो यह सब देख रहा है, वह कौन है?" यही प्रश्न उसकी आत्मिक यात्रा का प्रारंभ बनता है। यही वह बिंदु है जहाँ से आत्मानुभूति का प्रथम द्वार खुलता है — साक्षीभाव।

साक्षीभाव का अर्थ है - वह चेतना जो सब अनुभवों को देखती है, पर किसी में लिप्त नहीं होती। यह वह मौन उपस्थिति है जो जन्म से अब तक हर परिवर्तन को देख रही है। बचपन के शरीर को, युवा के विचारों को, वृद्धावस्था के अनुभवों को। शरीर बदला, विचार बदले, भावनाएँ बदलीं, पर वह जो देखता रहा वही साक्षी है।

जैसे आकाश बादलों को आने-जाने देता है, पर स्वयं उनसे कभी भीगता नहीं । वैसे ही साक्षीभाव सब अनुभवों को प्रवाहित होने देता है, पर किसी में उलझता नहीं। यही देखने की शुद्ध स्थिति आत्मानुभूति का प्रवेशद्वार है।

भगवद्गीता में श्रीकृष्ण अर्जुन से कहते हैं —

"उद्धरेदात्मनात्मानं नात्मानमवसादयेत्।
आत्मैव ह्यात्मनो बन्धुरात्मैव रिपुरात्मनः॥"

"मनुष्य स्वयं ही अपना उद्धार करे, स्वयं को गिराए नहीं ।क्योंकि मनुष्य स्वयं ही अपना मित्र है और स्वयं ही अपना शत्रु।"

जब मनुष्य साक्षीभाव में रहता है, तब उसका मन उसका मित्र बन जाता है। पर जब वह अपने विचारों और भावनाओं से तादात्म्य बना लेता है, तब वही मन उसका शत्रु हो जाता है। साक्षीभाव मनुष्य को यह देखने की क्षमता देता है कि मन केवल एक उपकरण है, वह स्वयं मन नहीं है। मनुष्य तब तक बंधन में है जब तक वह अपने अनुभवों को 'मैं' मानता है। वह कहता है "मैं दुखी हूँ", "मैं प्रसन्न हूँ", "मैं क्रोधित हूँ।" पर क्या ये सब स्थितियाँ स्थायी हैं? नहीं। वे आती हैं और चली जाती हैं। तब जो आता-जाता है, वह "मैं" कैसे हो सकता

है? जो उन्हें देखता है, वही तो सच्चा "मैं" है। जब यह बोध भीतर उतरता है, तब साधक साक्षीभाव की पहली झलक पाता है।

कठोपनिषद में कहा गया है —

"अनन्तं वै ब्रह्म, यो वेद निहितं गुहायाम्।"

"जो भीतर की गुहा में स्थित है, वही अनंत ब्रह्म है।"

यह गुहा हमारे हृदय की गहराई है, और साक्षीभाव उस द्वार की कुंजी है जो इस गुहा को खोलता है। जब मनुष्य साक्षी बनता है, तब वह भीतर उतरता है। बाहरी संसार का कोलाहल उसके भीतर शांत हो जाता है। यह मौन किसी प्रयत्न से नहीं आता, यह देखने की परिपक्वता से आता है।

साक्षीभाव को समझने का अर्थ यह नहीं कि जीवन से अलग हो जाओ। बल्कि इसका अर्थ है कि जीवन को और गहराई से जीओ। जब व्यक्ति भीतर से साक्षी होता है, तो बाहर उसका कर्म अधिक स्पष्ट, प्रेमपूर्ण और संतुलित हो जाता है। क्योंकि अब वह प्रतिक्रिया नहीं करता, बल्कि उत्तर देता है। वह परिस्थिति के दास नहीं रहता, वह अपनी सजगता का स्वामी बन जाता है। साक्षीभाव में रहकर किया गया कर्म निष्काम होता है, क्योंकि अब कर्म में 'मैं' नहीं रहता। केवल कर्तव्य की शुद्धता रहती है। यही स्थिति गीता के कर्मयोग का सार है।

श्रीकृष्ण ने कहा —

"योगस्थः कुरु कर्माणि।"

"योग में स्थित होकर कर्म करो।" योग में स्थित होने का अर्थ ही साक्षीभाव में स्थित होना है। जब मन न आसक्त होता है, न उदासीन; जब वह केवल साक्षी बनकर कर्म करता है।

साक्षीभाव हमें यह देखने की दृष्टि देता है कि दुख और सुख दोनों अस्थायी हैं। जब व्यक्ति दुख में साक्षी रहता है, तो दुख उसे जला नहीं सकता। और जब सुख में साक्षी रहता है, तो सुख उसे बाँध नहीं सकता। इस समता की स्थिति में ही आत्मा का प्रकाश प्रकट होता है।

आत्मानुभूति कोई नया अनुभव नहीं, बल्कि यह देखना है कि "मैं तो सदा से यहाँ था।" अनुभव बदलते हैं जन्म, मृत्यु, हानि, लाभ सब अस्थायी हैं, पर वह जो देखता है, वह अचल है। वही आत्मा है।

जीवन का सारा भ्रम इसी में है कि हम अनुभवों को "स्वयं" मान लेते हैं। जब यह भ्रम टूटता है, तब साक्षीभाव जन्म लेता है और जब साक्षीभाव स्थिर हो जाता है, तब आत्मा स्वयं को पहचान लेती है। यह पहचान किसी बाहरी प्रक्रिया से नहीं, बल्कि भीतर की शांति से होती है। जैसे ही व्यक्ति देखना सीख जाता है — बिना निर्णय, बिना प्रतिक्रिया — उसके भीतर

प्रकाश फैलने लगता है। इस प्रकाश में अब कोई प्रश्न नहीं रहता। न यह जानने की इच्छा कि "मैं क्या हूँ", क्योंकि अब अनुभव हो चुका होता है कि "मैं वही हूँ जो सब देख रहा है।"

साक्षीभाव ही आत्मानुभूति का प्रवेशद्वार है। यह द्वार हर किसी के भीतर है — बस पहचानने की देर है। जिस क्षण मनुष्य स्वयं को अनुभवों से अलग देखना शुरू करता है, उसी क्षण वह अपनी वास्तविक सत्ता में प्रवेश करता है।

अब जीवन पहले जैसा नहीं रहता। हर स्थिति एक शिक्षक बन जाती है, हर व्यक्ति एक दर्पण बन जाता है। सुख आता है वह उसे देखता है। दुख आता है — वह उसे देखता है। सफलता आती है — वह उसे देखता है। असफलता आती है — वह उसे देखता है और इसी देखने में धीरे-धीरे एक मौन प्रस्फुटित होता है, जो शब्दों से परे है, पर अनुभव से भरा हुआ है। यही मौन आत्मा का स्वर है।

साक्षीभाव का अभ्यास नहीं किया जा सकता, क्योंकि यह पहले से ही हमारा स्वभाव है। केवल पहचानना है कि हम वही हैं — जो सदा से सब देख रहे हैं। यह पहचान जब स्थिर हो जाती है, तब जीवन स्वयं ध्यान बन जाता है। कर्म पूजा बन जाता है और आत्मा — स्वयं का साक्षात्कार कर लेती है।

यह है साक्षीभाव — वह द्वार जिससे होकर चेतना स्वयं को पहचानती है। यह मौन की भूमि है, जहाँ कोई प्रश्न नहीं, कोई प्रयास नहीं, केवल उपस्थिति है। यही आत्मानुभूति का आरंभ है, यही अंत भी।

भाग.4
मौन की पुकार
जहाँ शब्द समाप्त

➢ मौन में मन की ध्वनि सुनाई देती है

जब बाहर का शोर थम जाता है, तभी भीतर की आवाज सुनाई देती है। मनुष्य अपने जीवन का अधिकांश भाग बाहरी ध्वनियों में डूबा रहता है — शब्दों, विचारों, संवादों और इच्छाओं की निरंतर गूँज में। वह समझता है कि वह सुन रहा है, पर वास्तव में वह केवल शोर से घिरा है। मौन में प्रवेश करना मानो उस शोर के परे जाना है, जहाँ पहली बार मन की असली ध्वनि सुनाई देने लगती है वह ध्वनि जो शब्दों से नहीं, अनुभवों से बनती है।

मौन केवल शब्दों का अभाव नहीं है, मौन एक स्थिति है। जब मन की गति रुकती है, जब विचारों की दौड़ थमती है, तब जो शेष रहता है — वही सच्चा मौन है और इस मौन में मन का असली स्वर प्रकट होता है। सामान्यतः हम मन को बाहर से सुनते हैं, जैसे कोई रेडियो लगातार प्रसारित हो रहा हो। पर जब ध्यान भीतर उतरता है, तब हमें एहसास होता है कि यह मन बोल नहीं रहा, यह केवल गुंजा रहा है — स्मृतियों, भावनाओं और संस्कारों की प्रतिध्वनियाँ।

बाहर के मौन से भीतर का मौन अलग है। बाहर का मौन अस्थायी है, भीतर का मौन शाश्वत। बाहर का मौन शब्दों को रोक देता है, पर भीतर का मौन विचारों की जड़ को छू लेता है। जब यह मौन गहराता है, तब एक नयी ध्वनि उभरती है। जो किसी भाषा की नहीं होती, परंतु सबसे गहरी समझ देती है। वही मन की ध्वनि है, जिसे सुनना आत्मा का पहला अनुभव है।

श्रीकृष्ण ने गीता में कहा —

“जितात्मनः प्रशान्तस्य परमात्मा समाहितः।”

“जिसका मन शांत हो गया, वही परमात्मा में स्थित हो जाता है।” शांत मन में परमात्मा की गूँज सुनाई देती है। यह गूँज कोई रहस्यमयी आवाज नहीं, बल्कि वह बोध है कि जो कुछ हम सोचते हैं, वह मन की परछाई है न कि सत्य। जब यह अनुभव गहराता है, तो मनुष्य पहली बार यह जानता है कि उसके भीतर कितनी परतें हैं — इच्छाओं की, भय की, स्मृतियों की और उनके पार कुछ अचल है, जो कभी नहीं बदलता।

एक बार एक संत नदी के किनारे ध्यान कर रहे थे। कुछ समय बाद एक शिष्य पास आया और बोला, “गुरुदेव, मैं जब ध्यान करता हूँ, तो बहुत शोर सुनाई देता है। मन में बातें चलती रहती हैं, अतीत के दृश्य आते हैं, भविष्य की चिंताएँ उठती हैं। यह मौन में कैसे बदलें?” संत ने कहा, “जब नदी का जल उफनता है, तब उसका तल नहीं दिखता। पर जैसे ही लहरें शांत होती हैं, तल स्वतः प्रकट हो जाता है। तू लहरों से मत लड़, बस देखता रह। एक दिन तू देखेगा कि लहरें अपने आप शांत हो जाएँगी और तब मौन तुझे सुनाई देगा।” वह शिष्य

वर्षों बाद लौटा उसकी आँखों में स्थिरता थी, और वाणी में गहराई। उसने कहा, "गुरुदेव, अब मौन में सब कुछ सुनाई देता है — मेरा मन भी, मेरी आत्मा भी। "संत मुस्कुराए "अब तेरा सुनना सच्चा हुआ। क्योंकि जब तू सुनता नहीं, बल्कि 'देखता' है, तभी तू सुनता है।"

मौन में सुनना एक विरोधाभास है। वहाँ कान नहीं, वहाँ मन नहीं, वहाँ केवल चेतना सुनती है। मौन में सुनने का अर्थ है अपने भीतर उस शुद्ध उपस्थिति को पहचानना जो शब्दों से पहले थी और शब्दों के बाद भी रहेगी। यही वह अवस्था है जहाँ साधक अपने मन की वास्तविक ध्वनि को समझता है। यह मन बोल नहीं रहा, यह पुकार रहा है। यह पुकार आत्मा की ओर लौटने की है।

मौन हमें सिखाता है कि मन क्या है और क्या नहीं। जब हम मौन में बैठते हैं, तो पहले-पहल भीतर अराजकता लगती है। जैसे ही बाहरी आवाजें थमती हैं, मन की गहराई से कई ध्वनियाँ उठती हैं — असुरक्षा, स्मृति, कल्पना, भय। यही वह क्षण है जहाँ अधिकांश लोग लौट आते हैं, क्योंकि वे सोचते हैं कि मौन में अंधकार है। परंतु साधक वहीं ठहरता है। वह उन आवाज़ों को सुनता है जैसे कोई पर्वत की गहराई में पानी की धारा सुनता है। धीरे-धीरे उसे ज्ञात होता है कि यह ध्वनि मन की नहीं, आत्मा की यात्रा की है।

मौन में सुनना हमें स्वयं तक ले जाता है। वहाँ शब्द नहीं, पर अर्थ है। वहाँ विचार नहीं, पर सत्य है। जब कोई साधक भीतर उतरकर इस मौन को जीता है, तब उसे ज्ञात होता है कि संसार की सारी ध्वनियाँ इस मौन से ही निकली हैं। यह मौन सृजन का आधार है और इसी में आत्मा का प्रतिबिंब दिखाई देता है। मौन में जो सुना जाता है, वह किसी कान से नहीं, बल्कि चेतना से सुना जाता है। इस सुनने में कोई क्रिया नहीं, केवल उपस्थिति है। यह सुनना "सुनने" से भी परे है। यह स्वयं सुनने का स्रोत है।

मौन में मन की ध्वनि सुनना केवल ध्यान का अभ्यास नहीं, बल्कि आत्मा का अनुभव है। यही वह क्षण है जब साधक अपने भीतर के संगीत को पहचानता है वह संगीत जो जीवन के हर रूप में गूँज रहा है, पर जिसे केवल मौन ही सुन सकता है।

जैसे रात्रि के सन्नाटे में झींगुर की ध्वनि स्पष्ट सुनाई देती है, वैसे ही मौन में आत्मा की पुकार सुनाई देती है। यह पुकार कोई शब्द नहीं, केवल एक कंपन है जैसे सृष्टि की नब्ज़ हो। यही वह ध्वनि है जिसे प्राचीन ऋषियों ने "ॐ" कहा। "ॐ" किसी धर्म का प्रतीक नहीं, यह उसी मौन की पहली प्रतिध्वनि है। जब मौन स्थिर होता है, तो "ॐ" स्वयं सुनाई देता है — बिना बोले, बिना सुने।

मौन में उतरना साधना का सबसे गहरा चरण है। क्योंकि वहाँ न कोई प्रश्न होता है, न कोई उत्तर। वहाँ केवल होना है और उसी होने में सब उत्तर स्वयं प्रकट हो जाते हैं। जब व्यक्ति

मौन में मन की ध्वनि सुनने लगता है, तब उसे ज्ञात होता है कि यह ध्वनि उसी की अपनी चेतना है, जो वर्षों से उसे पुकार रही थी "रुक जा, भीतर लौट आ।"और जब वह लौट आता है, तब मन की सारी गूँज मौन में विलीन हो जाती है।
वह अब सुन नहीं रहा, वह स्वयं सुनने वाला बन गया है। वह अब बोल नहीं रहा, वह स्वयं मौन बन गया है और यही वह क्षण है जहाँ साक्षीभाव और आत्मानुभूति एक हो जाते हैं।

➢ शब्द ज्ञान नहीं, अनुभव ज्ञान

ज्ञान कभी भी शब्दों में सीमित नहीं किया जा सकता। शब्द तो केवल दिशा दिखाने वाले संकेत हैं, वे मार्ग हैं पर मंजिल नहीं। किसी भी सत्य का वास्तविक स्वरूप तब तक प्रकट नहीं होता जब तक वह अनुभव न बन जाए। शास्त्रों और ग्रंथों के शब्द हमें बुद्धि का आधार दे सकते हैं, परंतु आत्मा का अनुभव नहीं दे सकते। जब तक सुनी हुई बातें जीवन का अंग नहीं बनतीं, वे केवल सूचनाएँ रह जाती हैं। श्रीकृष्ण ने भगवद्गीता में कहा है **"श्रुतेनापि बहून् श्रुत्वा न विजानाति तत्त्वतः,"** अर्थात् बहुत सुनने पर भी यदि व्यक्ति का अनुभव नहीं है तो वह सत्य को नहीं जानता। यह श्लोक हमें यह याद दिलाता है कि सुनना और जानना दो अलग अवस्थाएँ हैं। सुनना बुद्धि का कार्य है, जानना चेतना का।
यदि किसी से सौ बार कहा जाए कि अग्नि गर्म होती है, तो वह केवल जानता रहेगा, परंतु जब तक वह स्वयं उस अग्नि की ऊष्मा का स्पर्श नहीं करेगा, तब तक उसका ज्ञान अधूरा रहेगा। इसी प्रकार, जब हम आत्मा, ध्यान, ईश्वर, या साक्षीभाव की बातें करते हैं, तो ये शब्द हमारे मस्तिष्क में गूँजते हैं, लेकिन जब तक इन्हें भीतर से नहीं जिया जाता, वे केवल ध्वनियाँ हैं, सत्य नहीं।
एक बार एक युवक बुद्ध के पास आया। उसने बड़े गर्व से कहा, "भगवान, मैंने आपके सारे उपदेश सुन लिए, बहुत ग्रंथ पढ़ लिए, अब क्या मैं ज्ञान को प्राप्त कर चुका हूँ?" बुद्ध मुस्कुराए और बोले, "यदि शब्दों से मुक्ति मिलती, तो तोता भी मुक्त हो जाता। वह भी तो प्रतिदिन 'राम राम' बोलता है।" बुद्ध ने एक दीपक दिखाते हुए पूछा, "यह दीपक देख रहे हो?" युवक बोला, "हाँ।" बुद्ध ने कहा, "अब बताओ, देखने का अनुभव क्या है?" युवक मौन हो गया। तब बुद्ध बोले, "देखना शब्द से नहीं जाना जा सकता, केवल अनुभव से जाना जा सकता है।" इस एक वाक्य में पूरी साधना का सार छिपा है — शब्द समझ देते हैं, अनुभव अस्तित्व को बदल देता है।
हम प्रायः शब्दों के संसार में जीते हैं क्योंकि शब्द सहज हैं। वे हमारी बुद्धि को तुष्ट करते हैं और हमें यह भ्रम देते हैं कि हमने बहुत कुछ जान लिया है। परंतु बुद्धि की तृप्ति, आत्मा की

तृप्ति नहीं है। जब तक ज्ञान हमारे जीवन में उतरकर व्यवहार और दृष्टि का रूप नहीं लेता, तब तक वह केवल एक मानसिक बोझ है। यही कारण है कि आज अनगिनत लोग धर्म के शब्द जानते हैं, पर शांति नहीं जानते। वे ग्रंथों को उद्धृत करते हैं, लेकिन उनके भीतर का तूफान शांत नहीं होता। क्योंकि शब्द बाहर से आते हैं, अनुभव भीतर से जन्म लेता है।

ज्ञान के दो प्रकार होते हैं — श्रुतज्ञान, जो सुनकर या पढ़कर प्राप्त होता है और अनुभवज्ञान, जो जीकर प्राप्त होता है। श्रुतज्ञान बुद्धि को भरता है, अनुभवज्ञान आत्मा को जगाता है। पहला व्यक्ति को विद्वान बनाता है, दूसरा ज्ञानी बनाता है। विद्वान जानता है कि क्या सही है, जबकि ज्ञानी जीता है कि क्या सही है। महर्षि पतंजलि ने अपने योगसूत्रों में कहा है — **"प्रत्यक्षानुमानागमाः प्रमाणानि,"** अर्थात् प्रत्यक्ष अनुभव ही सच्चा प्रमाण है। बिना अनुभव के कोई भी सत्य केवल कल्पना है। यदि तुमने ध्यान के शब्द सुने हैं, पर ध्यान का स्पर्श नहीं पाया, तो समझो अभी यात्रा अधूरी है।

एक बार एक व्यक्ति ने महासागर पर लिखी एक अद्भुत पुस्तक पढ़ी। उसमें सागर की गहराई, उसकी लहरों और रहस्यों का सुंदर वर्णन था। वह व्यक्ति पुस्तक का विशेषज्ञ बन गया और लोगों को सागर के विषय में प्रवचन देने लगा। एक दिन एक मछुआरा उसकी बातें सुनकर हँस पड़ा और बोला, "तुम्हारे शब्द सुंदर हैं, पर क्या तुमने कभी सागर में पैर रखा है?" वह व्यक्ति चुप रह गया। अगले दिन वह समुद्र के किनारे पहुँचा और पहली बार अपने पैरों को जल ने छुआ। उसी क्षण उसका सम्पूर्ण अस्तित्व काँप उठा। उसने पाया कि जिस सागर के बारे में वह इतना बोलता रहा, वह उसकी कल्पना से कहीं अधिक गहरा, शांत और जीवंत है। उसी पल उसने अनुभव किया "अब मुझे सागर का ज्ञान हुआ।"

शब्द केवल सागर का नक्शा हैं, अनुभव सागर में उतरना है। जो शब्दों पर रुका, वह किनारे का यात्री है; जो अनुभव में उतरा, वही सागर का यात्री है। यह भेद सूक्ष्म है, पर निर्णायक। शब्दों से विचार बनते हैं, अनुभव से चेतना जागती है। विचार बाहर काम करते हैं, चेतना भीतर परिवर्तन लाती है। शब्द केवल बाहरी सहारा देते हैं, पर अनुभव भीतर की यात्रा बनाता है।

जब साधक मौन में उतरता है, जब वह शब्दों की पकड़ छोड़ देता है, तब उसे ज्ञात होता है कि शब्द केवल आकाश में तैरते बादल हैं। उनका अस्तित्व है, पर वे सत्य नहीं। सत्य तो वह आकाश है जो सदा था, सदा रहेगा। उस आकाश को देखने के लिए किसी शब्द की आवश्यकता नहीं, केवल अनुभव की दृष्टि चाहिए। गीता में श्रीकृष्ण ने अर्जुन से कहा **"तद्विद्धि प्रणिपातेन परिप्रश्नेन सेवया,"** अर्थात् सत्य को जानना केवल प्रश्न करने या पढ़ने से नहीं, बल्कि विनम्रता और अनुभव से संभव है।

इसीलिए सभी महान गुरु यही कहते हैं "सत्य को पढ़ो मत, उसे जीओ।" क्योंकि जब अनुभव आता है, तब शब्दों की आवश्यकता समाप्त हो जाती है। अनुभव वह दीपक है जो भीतर से जलता है। उसकी लौ बाहर की रोशनी से नहीं, मौन के तेल से जलती है। जब यह दीपक जलता है, तो व्यक्ति को यह बोध होता है कि अब किसी शब्द की आवश्यकता नहीं रही, क्योंकि ज्ञान अब स्मृति नहीं रहा। वह जीवन बन गया है।

शब्द पथ हैं, अनुभव मंजिल है। जो शब्दों पर रुक गया, वह ज्ञान के किनारे बैठा है; जो अनुभव में डूब गया, वह सत्य के सागर में विलीन हो गया। यही वह क्षण है जब मनुष्य को यह बोध होता है कि जो कुछ वह खोज रहा था, वह उसी के भीतर सदैव विद्यमान था। शब्दों ने केवल द्वार दिखाया, पर द्वार के पार ले जाने का सामर्थ्य अनुभव के पास ही था।

➢ मौन में अहं भंग, आत्मा प्रकट

मौन केवल शब्दों का अभाव नहीं है, यह उस शांति का अनुभव है जिसमें व्यक्ति स्वयं से मिलना प्रारंभ करता है। जब शब्द रुकते हैं, तब विचार भी ठहरने लगते हैं, और जब विचार रुकते हैं, तब "मैं" का पर्दा धीरे-धीरे गिरने लगता है। यही वह क्षण होता है जब अहं, जो अब तक अपनी उपस्थिति को सबसे प्रबल समझता था, स्वयं विलीन होने लगता है। मौन में प्रवेश करते ही व्यक्ति को प्रतीत होता है कि उसके भीतर एक ऐसी गहराई है, जहाँ कोई नाम, कोई रूप, कोई स्थिति नहीं, केवल अस्तित्व है। यही अस्तित्व आत्मा है — शुद्ध, प्रकाशमय और असीम।

हमारा संपूर्ण जीवन एक निरंतर शोर में बीतता है बाहरी शब्दों का, विचारों का, भावनाओं का, इच्छाओं का। यह शोर हमें इतना व्यस्त रखता है कि हम अपने भीतर की सच्ची आवाज सुन ही नहीं पाते। हम मान बैठते हैं कि यह सतत बोलता हुआ मन ही हम हैं। परंतु जब साधक मौन में उतरता है, तो उसे पहली बार अनुभव होता है कि यह मन भी केवल एक उपकरण है, एक प्रवाह, जो आता है और चला जाता है। मौन में वही देख पाता है कि "मैं" और "मेरे विचार" दो अलग हैं। यही जागृति अहं के टूटने की शुरुआत है।

भगवद्गीता में श्रीकृष्ण ने कहा —

"यत्रोपरमते चित्तं निरुद्धं योगसेवया,
यत्र चैवात्मनात्मानं पश्यन्नात्मनि तुष्यति।"

जब चित्त शांत होता है और साधक स्वयं को अपने ही आत्मा में देखता है, तभी वह वास्तविक आनंद को प्राप्त करता है। यह श्लोक स्पष्ट करता है कि मौन केवल बाहरी क्रिया

नहीं, बल्कि भीतर की उपस्थिति है। मौन में बैठना किसी प्रयत्न का परिणाम नहीं, बल्कि समर्पण का फल है। जब हम भीतर के शोर से ऊब जाते हैं, तब मौन स्वतः उतरता है और उस मौन में जो शेष रह जाता है, वही आत्मा है।

एक छोटी-सी घटना इस सत्य को और स्पष्ट करती है। एक संन्यासी प्रतिदिन अपने शिष्यों को ध्यान सिखाता था। एक दिन उन्होंने कहा, "आज कोई ध्यान नहीं, बस पूरे दिन मौन रहना है।" दिन बीता, कोई शब्द नहीं बोले गए। सूर्य ढलते समय संन्यासी ने पूछा, "आज क्या पाया?" एक शिष्य बोला, "मुझे ऐसा लगा जैसे भीतर कुछ टूट रहा है।" संन्यासी मुस्कुराया, "वह तुम्हारा अहं था। जब शब्द और विचार नहीं रहते, तब अहं अपनी पकड़ खो देता है।" यह सरल-सी बात गहराई से बताती है कि मौन अहं के लिए मृत्यु समान है, क्योंकि अहं को अस्तित्व तभी मिलता है जब शोर हो, तुलना हो, विचारों की निरंतर गूँज हो।

मौन में अहं का टूटना किसी नाश की तरह नहीं, बल्कि एक जन्म की तरह होता है। जैसे मिट्टी का बर्तन टूटे बिना उसमें से ध्वनि नहीं निकल सकती, वैसे ही अहं के आवरण के बिना आत्मा का संगीत नहीं सुनाई देता। अहं के रहते व्यक्ति 'मैं कर रहा हूँ', 'मैं जानता हूँ', 'मैं समझ रहा हूँ' में उलझा रहता है। यह 'मैं' ही दीवार है जो आत्मा और अनुभव के बीच खड़ी रहती है। मौन उस दीवार को भेद देता है। जब विचारों की लहरें शांत होती हैं, तब भीतर का निर्मल आकाश प्रकट होता है और उस आकाश में कोई 'मैं' नहीं रहता, केवल "होना" रह जाता है।

महान संतों ने कहा है कि आत्मा का बोध किसी शब्द या तर्क से नहीं, केवल मौन से होता है। यह मौन किसी साधन की तरह नहीं अपनाया जा सकता, यह तो अपने आप उतरता है जब मन की सभी तरंगें शांत हो जाती हैं। तब व्यक्ति को प्रतीत होता है कि वह कुछ नहीं कर रहा, फिर भी सब हो रहा है। इस अवस्था में "मैं" का अस्तित्व विलीन होकर **"अहम् ब्रह्मास्मि"** की अनुभूति में बदल जाता है। यही वह क्षण है जहाँ साधक को पता चलता है कि वह शरीर, विचार या नाम नहीं, बल्कि वही साक्षी चेतना है जो सबको देख रही है।

जब अहं का अंत होता है, तब व्यक्ति को यह समझ आता है कि जीवन किसी नियंत्रण का नहीं, प्रवाह का नाम है। अब वह किसी से तुलना नहीं करता, किसी से प्रतिस्पर्धा नहीं करता। वह न किसी को जीतना चाहता है, न किसी से बचना चाहता है। उसका जीवन सरल हो जाता है, क्योंकि अब वह जानता है कि वह करने वाला नहीं, देखने वाला है। यह जानना ज्ञान नहीं, अनुभव है। मौन में जब यह अनुभव स्थिर हो जाता है, तब आत्मा स्वयं अपने स्वरूप में प्रकाशित हो उठती है।

अहं और आत्मा का संबंध सूर्य और बादल जैसा है। सूर्य सदैव वहाँ है, पर जब बादल घिर आते हैं तो उसका प्रकाश दिखाई नहीं देता। मौन उस हवा की तरह है जो बादलों को छाँट देता है। जैसे ही मौन उतरता है, अहं के बादल हटते हैं और आत्मा का प्रकाश प्रकट हो जाता है। यह प्रकाश बाहर से नहीं आता, यह तो हमेशा भीतर था, बस हम उसे सुन नहीं पाते थे। मौन उस भीतर की सुनवाई को संभव बनाता है।

मौन का अर्थ यह नहीं कि बाहर की आवाजें बंद हो जाएँ। सच्चा मौन तब आता है जब भीतर की प्रतिक्रिया रुक जाती है। जब साधक भीतर की ध्वनि को सुनना सीख लेता है, तब उसे ज्ञात होता है कि हर शब्द, हर विचार, हर अनुभव केवल एक तरंग है — आती है और चली जाती है, पर जो देख रहा है, वह नहीं बदलता। वही आत्मा है, जो सदा मौन है, पर सबका आधार है।

जब कोई व्यक्ति इस मौन को जीना शुरू करता है, तब उसका जीवन एक नई दिशा में बहने लगता है। वह बोलता कम है, पर उसकी उपस्थिति बोलती है। उसके शब्दों में प्रभाव इसलिए नहीं होता कि वे सुन्दर हैं, बल्कि इसलिए कि वे मौन से जन्मे हैं। मौन से निकला हर शब्द सत्य की गंध लिए होता है। ऐसे व्यक्ति को कोई स्थिति विचलित नहीं कर सकती, क्योंकि वह भीतर उस बिंदु को छू चुका है जहाँ सब स्थिर है।

अंततः यही मौन सच्चे ध्यान का द्वार है। ध्यान किसी क्रिया का नाम नहीं, यह तो उस स्थिति का नाम है जहाँ कुछ करने की आवश्यकता ही नहीं रह जाती। जब साधक मौन में स्थिर होता है, तो उसका अहं भंग हो जाता है और आत्मा स्वयं प्रकट होती है जैसे सूर्योदय होते ही अंधकार अपने आप समाप्त हो जाता है। आत्मा का प्रकट होना कोई चमत्कार नहीं, यह तो स्वाभाविक सत्य है, बस अहं की दीवारें उसे ढँक देती हैं। जब वे गिरती हैं, तब भीतर वही प्रकाश उजागर होता है जो सदा से था। यही आत्मानुभूति की चरम अवस्था है — मौन में अहं का विलय और आत्मा का उदय।

➢ मौन ध्यान : सत्य की पहली सीढ़ी

मौन ध्यान आत्मा की यात्रा का प्रथम द्वार है। वह बिंदु जहाँ विचार समाप्त होते हैं और चेतना का आरंभ होता है। जब मन के कोलाहल से थका हुआ साधक मौन में प्रवेश करता है, तब वह पहली बार स्वयं से मिलना आरंभ करता है। यह मिलन शब्दों से परे है, क्योंकि सत्य शब्दों में नहीं बसता, वह तो अनुभव में खिलता है। मौन ध्यान का अर्थ यह नहीं कि हम केवल बोलना बंद कर दें, बल्कि यह कि हम भीतर के शोर से परे उठ जाएँ। जब विचारों

का प्रवाह थमता है, तब भीतर एक अद्भुत शांति प्रकट होती है, जैसे बादलों के हटते ही सूर्य का तेज़ स्पष्ट हो जाता है।

भगवद्गीता में भगवान श्रीकृष्ण कहते हैं — **"उद्धरेदात्मनात्मानं नात्मानमवसादयेत्।"** अर्थात मनुष्य को अपने ही आत्मा के द्वारा अपने को ऊपर उठाना चाहिए, क्योंकि आत्मा ही मित्र है और आत्मा ही शत्रु। यह वाक्य मौन ध्यान का सार है। जब हम मौन में उतरते हैं, तब भीतर का साक्षी मित्र बन जाता है और मन, जो अब तक शत्रु की तरह भटकाता रहा, धीरे-धीरे शांत होकर उसी चेतना में विलीन हो जाता है।

मौन ध्यान की शुरुआत सरल नहीं होती। प्रारंभ में साधक को लगता है कि वह मौन में बैठा है, पर भीतर विचारों का बवंडर चलता रहता है। कभी स्मृतियाँ आती हैं, कभी इच्छाएँ, कभी भविष्य की चिंता। यह मन की स्वाभाविक प्रवृत्ति है वह स्थिर रहना नहीं जानता। लेकिन धीरे-धीरे जब हम इन विचारों से न लड़कर केवल उन्हें देखते हैं, तो वे अपनी शक्ति खोने लगते हैं। जैसे धुएँ का गुबार धीरे-धीरे हवा में विलीन हो जाता है, वैसे ही मन की हलचलें मौन में घुलने लगती हैं।

एक प्राचीन कथा है। एक राजा अपने जीवन से असंतुष्ट था, उसे लगा कि सारे वैभव के बाद भी उसे शांति नहीं मिल रही। उसने अपने गुरु से पूछा "गुरुदेव, सत्य कहाँ है? ईश्वर कहाँ है?" गुरु मुस्कराए और बोले — "कल जब सूर्योदय हो, तब नदी किनारे जाओ और बस चुप रहो। कुछ मत करना।" राजा गया, बैठा और घंटों तक मौन में डूबा रहा। धीरे-धीरे उसने देखा कि पक्षियों की आवाज, पानी की लहरें, हवा की सरसराहट सब एक लय में घुल गई हैं और उसी क्षण उसे अनुभव हुआ कि जो कुछ भी है, वह मौन से ही उत्पन्न है। वही मौन सत्य है।

मौन ध्यान हमें बाहर की नहीं, भीतर की यात्रा पर ले जाता है। यह कोई तकनीक नहीं, एक अनुभव है। जब ध्यान सच्चे मौन में उतरता है, तब साधक यह अनुभव करता है कि वह केवल शरीर या मन नहीं है, बल्कि वह तो देखने वाली चेतना है जो साक्षी है हर विचार की, हर अनुभूति की। यह साक्षीभाव ही ध्यान का मूल है। मौन में साधक अपने "मैं" की सीमाओं को पार कर जाता है और वहाँ पहुँचता है जहाँ "मैं" और "वह" का भेद मिट जाता है। यह सत्य की पहली सीढ़ी है। जहाँ अस्तित्व एकता का अनुभव होता है।

गुरुनानक देव जी ने कहा था,

"जब मैं था तब हरि नहीं, अब हरि है मैं नाहीं।
सब अंधियारा मिट गया, दीपक देखा माँहि।"

यह पंक्ति मौन ध्यान के अनुभव को उजागर करती है। जब "मैं" का शोर मिटता है, तब भीतर ईश्वर का प्रकाश प्रकट होता है। ध्यान में यह अहंकार का लोप नहीं, उसका रूपांतरण है "मैं" का स्वरूप "वह" में विलीन हो जाना।

मौन ध्यान के क्षणों में समय का अस्तित्व भी समाप्त हो जाता है। हमें यह ज्ञात नहीं रहता कि हम कितनी देर बैठे हैं, क्योंकि उस मौन में वर्तमान क्षण ही एकमात्र सत्य होता है। वही क्षण ध्यान का केन्द्र है। इसी क्षण में साधक यह जान लेता है कि सत्य किसी ग्रंथ में नहीं, किसी वाणी में नहीं, बल्कि अपने अनुभव में है। शब्द केवल दिशा दिखाते हैं, पर मार्ग चलना तो मौन ही सिखाता है।

ध्यान के गहरे क्षणों में मनुष्य यह समझता है कि वह अब तक केवल बाहरी सत्य की खोज में भटकता रहा धर्मग्रंथों में, तीर्थों में, शब्दों में पर असली तीर्थ तो भीतर है। मौन ही वह द्वार है जो आत्मा तक ले जाता है। इस द्वार से गुजरते हुए ही साधक जानता है कि सत्य न बाहर है, न भीतर वह तो सर्वत्र है और मौन उसकी भाषा है।

मौन ध्यान में उतरना, अपने भीतर के ब्रह्म को पहचानना है। यह साधना का प्रथम पड़ाव है, पर इसी में पूरी यात्रा का सार छिपा है। क्योंकि जो मौन को जान लेता है, वह सबको जान लेता है। वही मौन ध्यान सत्य की पहली सीढ़ी है, जहाँ से आत्मा परम शांति की ओर बढ़ना प्रारंभ करती है।

भाग 5
चेतना और प्राण का
रहस्य

➢ **प्राणः जीवन का अदृश्य प्रवाह**

प्रकृति में जो कुछ भी गतिशील है, जो भी जीवंत है — वह प्राण के कारण है। प्राण वह सूक्ष्म ऊर्जा है जो जीवन को संचालित करती है, जो हर श्वास में बहती है, हर धड़कन में धड़कती है, हर पत्ते की हलचल और हर जीव के अस्तित्व में स्पंदित होती है। यह दृश्य नहीं, किंतु अनुभूत किया जा सकता है। जैसे हवा दिखाई नहीं देती पर उसकी उपस्थिति हर पत्ते के हिलने से ज्ञात होती है, वैसे ही प्राण भी शरीर और मन में प्रवाहित होकर हमें जीवित रखता है।

उपनिषदों में कहा गया है **"प्राणो हि सर्वस्याधारः"** अर्थात प्राण ही समस्त जीवन का आधार है। शरीर तो केवल मिट्टी का बना एक पात्र है, परंतु प्राण उस पात्र में वह शक्ति भरता है जो उसे चेतन बनाती है। जब यह प्राण शरीर से निकल जाता है, तब वही शरीर निर्जीव रह जाता है। इसीलिए प्राण को "जीवन का अदृश्य प्रवाह" कहा गया है। वह न केवल शरीर में प्रवाहित होता है, बल्कि पूरे ब्रह्मांड में एक ऊर्जा-तरंग के रूप में व्याप्त है।

योगदर्शन में कहा गया है कि प्राण पाँच प्रकार के होते हैं — प्राण, अपान, समान, उदान, और व्यान। ये पाँचों मिलकर शरीर और मन के संतुलन को बनाए रखते हैं। प्राण वायु हृदय और श्वास से संबंधित है, जो जीवन का प्रत्यक्ष संकेत है। अपान वायु नीचे की ओर प्रवाहित होकर निष्कासन और शुद्धि का कार्य करती है। समान वायु पाचन और ऊर्जा वितरण से जुड़ी है। उदान वायु ऊपर की ओर जाकर चेतना को ऊँचाई देती है, और व्यान वायु पूरे शरीर में ऊर्जा का समान वितरण करती है। जब ये पाँचों वायु संतुलित रहती हैं, तब मनुष्य स्वस्थ, शांत और जाग्रत रहता है।

परंतु जब प्राण असंतुलित हो जाते हैं, तब न केवल शरीर में रोग उत्पन्न होते हैं, बल्कि मन भी अस्थिर हो जाता है। यही कारण है कि योगशास्त्र में प्राणायाम को अत्यंत महत्वपूर्ण माना गया है। प्राणायाम केवल श्वास का व्यायाम नहीं, बल्कि जीवन की ऊर्जा को नियंत्रित करने की कला है। जब साधक अपने श्वास के प्रवाह पर ध्यान केंद्रित करता है, तब वह धीरे-धीरे अपने भीतर के प्राण को जानने लगता है। उस क्षण वह अनुभव करता है कि हर श्वास के साथ कुछ भीतर आता है, कुछ बाहर जाता है और यह अदृश्य लेन-देन ही जीवन का रहस्य है।

भगवद्गीता में श्रीकृष्ण अर्जुन से कहते हैं **"अपाने जुह्वति प्राणं प्राणेऽपानं तथापरे"** अर्थात कुछ योगी अपान को प्राण में और प्राण को अपान में अर्पण करते हैं । यह प्राण के भीतर के यज्ञ का संकेत है। हर श्वास, हर निश्वास, एक सूक्ष्म यज्ञ है। जहाँ जीवन स्वयं अपने को

संतुलित करता है। जो इस यज्ञ को समझ लेता है, वह अपने भीतर ब्रह्म को अनुभव करने लगता है।

प्राण का प्रवाह केवल श्वास तक सीमित नहीं। हमारे विचार, भावनाएँ, और चेतना सब उसी के तरंगित रूप हैं। जब कोई व्यक्ति क्रोधित होता है, तो प्राण की धारा तीव्र और अव्यवस्थित हो जाती है। जब वह प्रेम में होता है, तो वही धारा कोमल और लयपूर्ण हो जाती है। इसलिए कहा गया है कि भावनाएँ प्राण की दिशा निर्धारित करती हैं। जो अपने भावों पर नियंत्रण पा लेता है, वह अपने प्राण को शुद्ध कर लेता है, और जो अपने प्राण को शुद्ध कर लेता है, वह स्वयं को जान लेता है।

वेदांत कहता है कि प्राण और आत्मा का संबंध वैसे ही है जैसे अग्नि और उसकी ज्वाला का — अग्नि स्थिर है, पर ज्वाला चलायमान। आत्मा शाश्वत है, और प्राण उसकी गति है। जब यह गति सामंजस्य में होती है, तब जीवन संतुलित रहता है , जब यह गति असंतुलित होती है, तब भ्रम, पीड़ा और अशांति उत्पन्न होती है। इसलिए प्राण की साधना केवल स्वास्थ्य की नहीं, आत्मा की साधना है।

एक प्राचीन कथा में वर्णन आता है । एक संत हिमालय की गुफा में ध्यान कर रहे थे। उन्होंने वर्षों तक कोई शब्द नहीं बोला, केवल श्वास पर ध्यान रखा। जब उनसे पूछा गया, "आपने मौन में क्या पाया?" तो उन्होंने उत्तर दिया, "मुझे पता चला कि मेरी श्वास मेरी नहीं है । यह उसी का प्रवाह है जो सृष्टि को चला रहा है। जब मैंने यह जाना, तो मैं 'मैं' नहीं रहा।" यही है प्राण का बोध , जहाँ व्यक्ति अपने व्यक्तिगत अस्तित्व से परे जाकर सार्वभौमिक चेतना में विलीन हो जाता है।

प्राण के अदृश्य प्रवाह को अनुभव करना, ईश्वर के स्पर्श को महसूस करना है। जब हम सचेत होकर श्वास लेते हैं, तब हम ब्रह्मांड के साथ तालमेल में होते हैं। हवा का हर कण, हर धड़कन, हर तरंग उसी ब्रह्म की ध्वनि को गा रही होती है और हम भी उसी संगीत का हिस्सा हैं। यह जानना कि "मेरी श्वास केवल मेरी नहीं, यह ब्रह्म की देन है" यह विनम्रता, करुणा और शांति का स्रोत बनता है।

आधुनिक विज्ञान अब धीरे-धीरे उस सत्य को स्वीकार कर रहा है जो ऋषियों ने हजारों वर्ष पहले कहा था कि ऊर्जा ही सबका मूल है और वही ऊर्जा जब चेतना के साथ संयुक्त होती है, तो उसे प्राण कहा जाता है। प्राण ही वह पुल है जो भौतिक और आध्यात्मिक के बीच सेतु बनाता है।

जब कोई साधक अपने भीतर के प्राण का बोध कर लेता है, तब उसके जीवन में सहजता आ जाती है। वह जान जाता है कि हर क्रिया, हर अनुभूति, केवल प्राण के प्रवाह का हिस्सा है।

वह अब किसी से नहीं लड़ता, क्योंकि उसे ज्ञात होता है कि जीवन का हर उतार-चढ़ाव उसी प्राण की लय में निहित है। उसकी श्वास अब केवल ऑक्सीजन नहीं, बल्कि उपासना बन जाती है।

प्राण वह गुप्त नदी है जो आत्मा और शरीर के बीच बहती है। यह नदी शुद्ध और निर्मल रहे, यही साधना का सार है। जब यह प्रवाह सहज रहता है, तब जीवन में रोग, भय और अंधकार का स्थान नहीं रहता। और जब यह विकृत होता है, तब भीतर का प्रकाश मंद पड़ जाता है। इसलिए हर साधक के लिए यह अनिवार्य है कि वह अपने प्राण को देखे, समझे और उसे पवित्र रखे।

जब हम अपनी श्वास में मौन को सुनने लगते हैं, जब हर अंदर-बाहर जाने वाली हवा में जीवन का रहस्य झलकने लगता है, तब हम जान लेते हैं जीवन केवल जीने का नाम नहीं, बल्कि अनुभव करने का नाम है और उस अनुभव की जड़ में जो प्रवाह बह रहा है, वही प्राण है। जीवन का अदृश्य संगीत, जो सृष्टि की हर लय में निनादित हो रहा है।

➢ चेतना: जो जीवन को अनुभव कराती है

जीवन केवल श्वासों का आना-जाना नहीं है। यह केवल शरीर की क्रिया नहीं बल्कि अनुभूति की उपस्थिति है। और वही अनुभूति वही भीतर का "मैं अनुभव कर रहा हूँ" — चेतना है। चेतना वह अद्भुत शक्ति है जो निर्जीव और जीवित के बीच की रेखा खींचती है। मिट्टी का शरीर तभी जीवित कहलाता है जब उसमें चेतना का प्रकाश विद्यमान हो। जब यह प्रकाश चला जाता है, तो वही शरीर मात्र पंचतत्वों में विलीन हो जाता है।

वेदांत कहता है "चेतनं चेतयति इति चेतना" जो दूसरों को चेतन करती है, जो हर जड़ वस्तु को अनुभूति का स्पर्श देती है, वही चेतना है। यह न आँखों से देखी जा सकती है, न मापी जा सकती है, पर इसका अनुभव हर क्षण होता है। जब हम प्रसन्न होते हैं, जब दुखी होते हैं, जब सोचते हैं, जब प्रेम करते हैं यह सब चेतना की लहरें हैं।

प्राण जहाँ जीवन की गति है, वहीं चेतना जीवन का प्रकाश है। प्राण हमें गतिशील रखता है, पर चेतना हमें यह जानने देती है कि हम चल रहे हैं। एक दृष्टांत में कहा गया है प्राण दीपक की लौ है और चेतना उसकी ज्योति। लौ के बिना दीपक बुझ जाता है, पर ज्योति के बिना लौ अंधकार में खो जाती है। जब यह दोनों मिलते हैं, तभी जीवन पूर्ण होता है।

ऋषियों ने चेतना के स्तरों को बड़े सूक्ष्म रूप से समझाया है। सबसे नीचे का स्तर है जाग्रत अवस्था, जहाँ हम बाहरी दुनिया को इंद्रियों के माध्यम से अनुभव करते हैं। इसके ऊपर है स्वप्न अवस्था, जहाँ चेतना भीतर की कल्पनाओं में घूमती है। तीसरा स्तर है सुषुप्ति, गहरी

नींद की अवस्था, जहाँ न बाहर का ज्ञान रहता है, न भीतर की कल्पना केवल मौन रहता है। परंतु इन तीनों से परे है चौथा स्तर तुरीय अवस्था, जहाँ चेतना अपनी शुद्ध, निराकार और अनंत स्थिति में रहती है। यही वह अवस्था है जिसे योगी और संत आत्म-साक्षात्कार कहते हैं।

चेतना स्थिर नहीं है, यह निरंतर परिवर्तित होती रहती है। एक क्षण हम प्रेम में होते हैं, दूसरे क्षण भय में, कभी आनंद, कभी दुख। यही चेतना की तरंगें हैं, जो हमारी आंतरिक स्थिति को निर्धारित करती हैं। मनुष्य का मन इन तरंगों पर ही बहता रहता है और यही कारण है कि वह बाहरी परिस्थितियों के अनुसार बदलता रहता है। लेकिन जब कोई व्यक्ति अपने भीतर की चेतना को स्थिर कर लेता है, तब बाहरी संसार उसके ऊपर कोई प्रभाव नहीं डाल पाता।

गुरु नानकदेव जी ने कहा था "मन जीते जग जीते" जब मन, अर्थात चेतना का प्रवाह, नियंत्रित हो जाए, तब संसार जीत लिया जाता है। क्योंकि संसार कोई बाहरी वस्तु नहीं, बल्कि चेतना का ही प्रतिबिंब है। जो अपने भीतर की चेतना को शुद्ध करता है, वह बाहर की दुनिया को भी निर्मल रूप में देखने लगता है।

आधुनिक विज्ञान अब इस रहस्य को समझने की कोशिश कर रहा है। न्यूरोसाइंस कहता है कि मस्तिष्क केवल संकेत भेजता है, पर यह "मैं" जो सब कुछ जान रहा है, वह कहाँ से आता है यह अब तक एक रहस्य है। भारतीय दर्शन ने इस प्रश्न का उत्तर बहुत पहले दिया था यह "मैं" ही चेतना है, जो मस्तिष्क, शरीर और इंद्रियों का उपयोग करके अनुभव करती है, पर स्वयं उनसे परे है।

जब हम ध्यान में बैठते हैं, तो धीरे-धीरे हम अपने विचारों को देखते हैं, अपनी सांसों को देखते हैं और फिर एक बिंदु आता है जहाँ देखने वाला भी गायब होने लगता है। केवल देखना रह जाता है बिना किसी वस्तु के, बिना किसी 'मैं' के। वह अवस्था ही चेतना का शुद्ध रूप है। वहाँ कोई नाम नहीं, कोई रूप नहीं, केवल अस्तित्व है। वही वह स्थान है जहाँ कहा जाता है "अहं ब्रह्मास्मि" मैं ही ब्रह्म हूँ।

एक बार एक साधक ने अपने गुरु से पूछा, "चेतना को कैसे पहचाना जाए?" गुरु ने मुस्कराकर उत्तर दिया, "जिससे तू यह प्रश्न पूछ रहा है, वही चेतना है।" यह उत्तर जितना सरल है, उतना ही गहरा भी। क्योंकि चेतना को बाहर नहीं खोजा जा सकता, वह स्वयं खोजने वाला ही है। वह स्वयं में प्रकट होती है, जब मन शांत होता है, जब विचारों का कोलाहल थमता है।

हम सब चेतना के विभिन्न स्तरों पर जी रहे हैं। कुछ लोग केवल शरीर तक सीमित हैं उन्हें केवल भूख, प्यास, सुख और असुख का ज्ञान है। कुछ मन तक पहुँचते हैं, वे सोचते हैं,

विश्लेषण करते हैं, रचते हैं। परंतु जो आत्मा तक पहुँच जाता है, वह जान लेता है कि चेतना शरीर या मन में सीमित नहीं है। वह अनंत है, वह ब्रह्मांड की हर वस्तु में व्याप्त है। यही अनुभव "एकत्व" का है। जहाँ देखने वाला, देखी जाने वाली वस्तु, और देखने की क्रिया तीनों मिटकर एक हो जाते हैं।

बुद्ध ने इसी को निर्वाण कहा - चेतना का पूर्ण शुद्धिकरण। वहाँ न इच्छा रहती है, न भय, न अहं। केवल मौन, केवल शांति। और यह शांति किसी बाहरी प्रयत्न से नहीं आती, बल्कि भीतर की जागरूकता से आती है।

चेतना की एक सुंदर उपमा दी जाती है — आकाश की। जैसे आकाश सब कुछ समेटे हुए भी स्वयं कभी दूषित नहीं होता, वैसे ही चेतना भी हर अनुभव को ग्रहण करती है पर उससे प्रभावित नहीं होती। दुख आए, सुख आए चेतना बस साक्षी बनी रहती है। जब हम यह जान लेते हैं कि "मैं अपने अनुभव नहीं हूँ, मैं तो अनुभव करने वाली चेतना हूँ" तब हम मुक्ति के मार्ग पर चल पड़ते हैं।

हमारे जीवन में जो पीड़ा, संघर्ष और भ्रम है, वह इसलिए है क्योंकि हम चेतना को शरीर या मन से जोड़कर देखते हैं। हम कहते हैं "मैं दुखी हूँ", "मैं बीमार हूँ", "मैं असफल हूँ।" पर वास्तव में ये केवल चेतना के अनुभव हैं, चेतना स्वयं नहीं। चेतना दुख को देख सकती है, इसलिए वह दुख नहीं है। चेतना भय को जान सकती है, इसलिए वह भय नहीं है। जब यह समझ भीतर उतर जाती है, तब व्यक्ति भीतर से अडिग हो जाता है।

रामकृष्ण परमहंस ने कहा था "जब चेतना की दृष्टि भीतर की ओर मुड़ जाती है, तब संसार का आकर्षण मिट जाता है।" इसका अर्थ यह नहीं कि संसार त्याग देना चाहिए, बल्कि यह कि संसार को उसकी वास्तविकता में देखना चाहिए एक स्वप्न, एक नाटक, जो चेतना के मंच पर चल रहा है।

वेदों में कहा गया है **"सर्वं खल्विदं ब्रह्म"** यह सम्पूर्ण जगत ब्रह्म है, और ब्रह्म का अर्थ है — शुद्ध चेतना। जो पेड़ में है, जो पक्षी में है, जो तारे में है, जो मनुष्य में है सब उसी चेतना के रूप हैं। यही कारण है कि जब कोई व्यक्ति इस एकत्व को पहचानता है, तो उसके भीतर करुणा जागती है। वह किसी को अलग नहीं मानता, क्योंकि उसे ज्ञात होता है कि सब एक ही चेतना के तरंग हैं।

चेतना ही वह दर्पण है जिसमें जीवन स्वयं को देखता है। जब यह दर्पण निर्मल होता है, तो जीवन का प्रतिबिंब भी सुंदर होता है। जब यह मलिन होता है, तो वही जीवन विकृत दिखाई देता है। ध्यान, साधना, और आत्म-चिंतन इस दर्पण को स्वच्छ करते हैं। जब यह पूर्ण रूप से पारदर्शी हो जाता है, तब व्यक्ति संसार को नहीं, बल्कि ब्रह्म को हर ओर देखता है।

विज्ञान चेतना को मस्तिष्क की उपज मानता है, पर अध्यात्म कहता है, मस्तिष्क चेतना की अभिव्यक्ति है। यह मतभेद नहीं, बल्कि दो दृष्टियों का अंतर है। विज्ञान बाहर से भीतर की ओर देखता है, अध्यात्म भीतर से बाहर की ओर। जब दोनों का मिलन होगा, तब शायद मनुष्य उस रहस्य को पूर्ण रूप से समझ सकेगा जो उसे स्वयं से जोड़ता है।

अंततः चेतना ही वह मौन साक्षी है जो हमारे जन्म से पहले भी थी और मृत्यु के बाद भी रहेगी। शरीर बदलेगा, विचार बदलेंगे, स्मृतियाँ मिटेंगी — पर चेतना अचल रहेगी। वह कालातीत है, अविनाशी है, और वही हमारे भीतर का "सत्य" है।

जब कोई साधक उस चेतना को पहचान लेता है, तब वह कह उठता है "मैं शरीर नहीं, मन नहीं, विचार नहीं। मैं वह हूँ जो सबका साक्षी है।" यही आत्मज्ञान है और यही वह क्षण है जब जीवन केवल जीने का नहीं, बल्कि जानने का माध्यम बन जाता है।

चेतना वह दीप है जो जीवन के अंधकार को दूर करता है। वह प्राण में प्रकाश भरती है, मन को दिशा देती है और आत्मा को उसका स्वरूप याद दिलाती है। जो इस दीप को भीतर प्रज्वलित कर लेता है, उसके लिए जीवन अब रहस्य नहीं रहता — वह स्वयं रहस्य का हिस्सा बन जाता है।

➢ शरीर–प्राण–चेतना का संतुलन

जीवन एक अद्भुत तंत्र है, जहाँ शरीर, प्राण और चेतना तीनों एक दूसरे से जुड़े हुए हैं जैसे वीणा के तीन तार, जिनमें से किसी एक में भी असंतुलन आ जाए तो संगीतमय स्वर टूट जाता है। शरीर बिना प्राण के निर्जीव है, प्राण बिना चेतना के दिशाहीन है, और चेतना बिना शरीर के अभिव्यक्त नहीं हो सकती। इन तीनों का संतुलन ही सम्पूर्ण जीवन का रहस्य है।

मनुष्य जब केवल शरीर को महत्व देता है, तब वह बाह्य रूप में खो जाता है। जब केवल चेतना की बातें करता है और शरीर की उपेक्षा करता है, तब उसका अनुभव अधूरा रह जाता है। सच्चा योग, सच्चा अध्यात्म, तभी संभव है जब ये तीनों स्तर शरीर, प्राण और चेतना एक सामंजस्यपूर्ण नृत्य में हों।

भगवद्गीता में भगवान कृष्ण कहते हैं -

"युक्ताहारविहारस्य युक्तचेष्टस्य कर्मसु। युक्तस्वप्नावबोधस्य योगो भवति दुःखहा॥"

अर्थात जो व्यक्ति आहार-विहार, कर्म और विश्राम में संतुलित है, वही सच्चा योगी है और वही दुःखों से मुक्त होता है। शरीर प्रकृति का हिस्सा है मिट्टी, जल, अग्नि, वायु और

आकाश का संयोजन। यह हमारी आत्मा का मंदिर है। लेकिन प्राण उस मंदिर में बहने वाली जीवनधारा है, जो हर कोशिका को ऊर्जा देती है और चेतना वह दीप है जो इस मंदिर को प्रकाशित रखता है। जब शरीर अस्वस्थ हो, तो प्राण का प्रवाह रुक जाता है। जब प्राण अस्थिर हो, तो चेतना की स्पष्टता धुंधली हो जाती है। इसलिए योग और ध्यान की परंपरा में कहा गया है कि साधक पहले शरीर को स्थिर करे, फिर प्राण को नियंत्रित करे, और तब चेतना के द्वार अपने आप खुल जाते हैं।

प्राण शरीर और चेतना के बीच एक सेतु है। जब हम गहरी और संतुलित सांस लेते हैं, तो प्राण की गति लयबद्ध हो जाती है। यह लय हमारे मन और भावनाओं को भी प्रभावित करती है। यही कारण है कि जब हम क्रोधित होते हैं, तो हमारी सांस तेज और उथली हो जाती है। जब हम शांति में होते हैं, तो सांस धीमी और गहरी। प्राण को नियंत्रित करना केवल श्वास को नियंत्रित करना नहीं, बल्कि अपने भीतर के ऊर्जा-स्रोत को स्थिर करना है।

वेदों में कहा गया है"प्राणो हि जीवनं सर्वं" प्राण ही जीवन है। लेकिन प्राण का प्रवाह तभी शुद्ध होता है जब शरीर पवित्र और चेतना जागृत हो। यदि शरीर आलस्य, असंयम या विकारों से भरा हो, तो प्राण का प्रवाह अवरुद्ध हो जाता है और जब चेतना अज्ञान या अहंकार में ढकी हो, तो वह इस प्राण की लहरों को अनुभव नहीं कर पाती। इसीलिए योग में आसन, प्राणायाम और ध्यान को एक साथ किया जाता है क्योंकि तीनों मिलकर ही जीवन के तीन स्तरों को संतुलित करते हैं।

आज का मनुष्य शरीर के स्तर पर तो बहुत विकसित है उसे सुविधा चाहिए, सौंदर्य चाहिए, स्वास्थ्य चाहिए। परंतु प्राण के स्तर पर वह असंतुलित है। उसकी सांसें छोटी हैं, उसका मन व्याकुल है और उसकी चेतना बाहरी दुनिया में उलझी हुई है। वह मशीनों से जुड़ गया है, पर स्वयं से कट गया है। यही कारण है कि तनाव, अनिद्रा, और असंतोष बढ़ते जा रहे हैं। जबकि समाधान कहीं बाहर नहीं, बल्कि भीतर है उस अदृश्य संतुलन में, जो शरीर, प्राण और चेतना के मेल से उत्पन्न होता है।

जब साधक प्राण की गति को पहचान लेता है, तो वह देखता है कि हर भावना, हर विचार के पीछे प्राण की एक धारा चल रही है। यदि वह प्राण को सम कर दे, तो भावनाएँ भी शांत हो जाती हैं। तभी उपनिषदों में कहा गया **"यदा प्राणो निश्चलः भवति, तदा मनः निश्चलम्"** जब प्राण स्थिर होता है, तब मन भी स्थिर हो जाता है। और जब मन स्थिर होता है, तब चेतना अपने शुद्ध स्वरूप में चमकने लगती है।

शरीर, प्राण और चेतना का संबंध उसी प्रकार है जैसे वृक्ष, रस और सूर्य। वृक्ष शरीर है जो भूमि में जड़ें फैलाए हुए है। रस प्राण है जो वृक्ष के प्रत्येक पत्ते तक जीवन पहुँचाता है और

सूर्य चेतना है जो प्रकाश देकर उसे पोषित करता है। यदि सूर्य का प्रकाश न हो, तो रस सड़ जाएगा, वृक्ष सूख जाएगा। उसी तरह, यदि चेतना का प्रकाश न हो, तो प्राण मंद पड़ जाता है और शरीर रोगग्रस्त हो जाता है।

महर्षि पतंजलि ने योगसूत्र में लिखा — **“तपः स्वाध्याय ईश्वरप्रणिधानानि क्रियायोगः”** अर्थात शरीर को अनुशासित रखना (तप), आत्म-चिंतन (स्वाध्याय) और उच्च चेतना के प्रति समर्पण (ईश्वरप्रणिधान) — यही योग का सार है। जब ये तीनों एक साथ होते हैं, तभी जीवन समरस होता है।

चेतना का प्रकाश जितना ऊपर उठता है, प्राण उतना सूक्ष्म होता जाता है। जब कोई व्यक्ति केवल भौतिकता में डूबा होता है, तो उसका प्राण भारी होता है जैसे कीचड़ से भरा जल। पर जब वह साधना करता है, सेवा करता है, और सत्य में जीना शुरू करता है, तब उसका प्राण निर्मल हो जाता है। यही निर्मल प्राण चेतना को प्रस्फुटित करता है और तब व्यक्ति के भीतर करुणा, प्रेम और सहानुभूति स्वाभाविक रूप से जागने लगती है।

एक वृद्ध संत कहा करते थे, “जब शरीर दुर्बल होता है, तो मन दुखी होता है। जब प्राण अव्यवस्थित होता है, तो विचार भ्रमित होते हैं और जब चेतना मलिन होती है, तो जीवन दिशाहीन हो जाता है। पर जब तीनों अपने स्थान पर हों, तो मनुष्य देवत्व को स्पर्श करता है।” यह बात केवल आध्यात्मिक नहीं, वैज्ञानिक भी है।

अब चिकित्सा-विज्ञान भी मानने लगा है कि शरीर का स्वास्थ्य मन और श्वास की लय से गहराई से जुड़ा है।

हम ध्यान करते समय अक्सर केवल मन को शांत करने की कोशिश करते हैं, पर यदि प्राण असंतुलित हो, तो ध्यान गहराई नहीं पकड़ता। ध्यान का पहला चरण शरीर की स्थिरता है ताकि प्राण का प्रवाह सहज हो। दूसरा चरण प्राण की लय है ताकि मन शांत हो सके और तीसरा चरण चेतना का विस्तार है जहाँ साधक अपने सीमित अस्तित्व से ऊपर उठकर उस अनंत सत्ता को अनुभव करता है जो हर ओर विद्यमान है।

यही संतुलन जीवन की सच्ची समृद्धि है। एक व्यक्ति जिसके पास धन, यश और बुद्धि सब कुछ है, पर भीतर असंतुलन है, वह कभी संतुष्ट नहीं हो सकता। जबकि एक साधक जो भीतर संतुलित है, भले ही बाहर कुछ न हो, वह गहन आनंद में जीता है। यह आनंद किसी उपलब्धि से नहीं, बल्कि अस्तित्व की सामंजस्यपूर्ण स्थिति से उत्पन्न होता है।

इस संतुलन को बनाए रखने के लिए केवल योगाभ्यास नहीं, बल्कि सजगता आवश्यक है। जब हम खाते हैं, चलते हैं, बोलते हैं तब यदि हम इस सजगता को याद रखें कि हमारे भीतर शरीर, प्राण और चेतना एक साथ कार्य कर रहे हैं, तो हमारा हर कर्म ध्यान बन जाता है।

धीरे-धीरे यह जागरूकता गहरी होती जाती है और व्यक्ति अपने भीतर की दिव्यता को पहचानने लगता है।

अंततः यह समझ आ जाती है कि जीवन कोई संघर्ष नहीं, बल्कि एक सामंजस्यपूर्ण संगीत है। जब शरीर वीणा है, प्राण उसकी तारें हैं और चेतना उसका वादक तब जीवन स्वयं एक भजन बन जाता है। उस भजन में कोई बाहरी शोर नहीं होता, केवल भीतर की मौन लय होती है । जो हमें यह स्मरण दिलाती है कि हम केवल शरीर नहीं, केवल प्राण नहीं, बल्कि वह चेतना हैं जो सबमें समान रूप से प्रवाहित है।

➢ जब प्राण शुद्ध हों, चेतना प्रस्फुटित होती है

जीवन का सबसे सूक्ष्म और रहस्यमय पक्ष प्राण है। प्राण वह अदृश्य ऊर्जा है जो शरीर को चलाती है, मन को सक्रिय रखती है और चेतना को अनुभव का माध्यम देती है। जब यह प्राण शुद्ध, शांत और संतुलित होता है, तब चेतना स्वयं अपनी पूर्णता में प्रकट होती है। लेकिन जब यह प्राण अशांत, अवरुद्ध या मलिन होता है, तब चेतना का प्रकाश मंद पड़ जाता है। जैसे बादलों से घिरा आकाश सूरज के प्रकाश को ढक देता है, वैसे ही अशुद्ध प्राण आत्मा के तेज को ढक लेते हैं।

प्राण की शुद्धता केवल श्वास की शुद्धता नहीं है। यह विचारों, भावनाओं और कर्मों की शुद्धता से जुड़ी हुई है। जब व्यक्ति लोभ, क्रोध, ईर्ष्या, भय और असंयम में जीता है, तो उसका प्राण भारी हो जाता है। वह भीतर से थकान, बेचैनी और दिशाहीनता अनुभव करता है। लेकिन जब व्यक्ति सत्य, प्रेम, करुणा और संयम में जीना शुरू करता है, तो उसका प्राण हल्का, पारदर्शी और शक्तिशाली हो जाता है। यही वह स्थिति है जहाँ से चेतना का विस्तार आरंभ होता है।

भगवद्गीता में भगवान कृष्ण कहते हैं —

“यदा सत्त्वे प्रवृद्धे तु प्रलयं याति देहभृत्। तदोत्तमविदां लोकानमलान्प्रतिपद्यते॥”

अर्थात जब सत्त्व (पवित्रता) बढ़ जाती है, तो जीव अपने भीतर के अमल (शुद्ध) लोकों में प्रवेश करता है। यहाँ “सत्त्व” का अर्थ केवल नैतिकता नहीं, बल्कि प्राण की शुद्ध अवस्था से है। सत्त्व वह स्थिति है जहाँ ऊर्जा का प्रवाह निर्मल होता है, जहाँ कोई विकार नहीं रहता, जहाँ जीवन का हर अंश जागृत और सजीव होता है।

जब प्राण शुद्ध होता है, तब मन के तरंग शांत हो जाते हैं। प्राण और मन का गहरा संबंध है। योगियों ने कहा है — “प्राण और मन एक ही पक्षी के दो पंख हैं।” जब प्राण अस्थिर होता है, मन भी विचलित रहता है। जब प्राण स्थिर होता है, मन सहज रूप से शांत हो जाता है। यही

कारण है कि ध्यान या साधना से पहले प्राणायाम किया जाता है। ताकि भीतर की ऊर्जा स्थिर हो, और चेतना अपने स्वाभाविक तेज से प्रकट हो सके।

एक प्राचीन कथा है। एक गुरु अपने शिष्य को ध्यान सिखा रहे थे। शिष्य रोज ध्यान में बैठता, पर बेचैन रहता। एक दिन गुरु ने उससे कहा, "बेटा, ध्यान छोड़ो, पहले नदी के किनारे जाकर सांस को देखो। देखो वह कैसे आती है, कैसे जाती है, बिना किसी प्रयास के।" शिष्य ने महीनों तक केवल श्वास को देखना शुरू किया। धीरे-धीरे उसकी सांस गहरी हुई, उसका मन शांत हुआ, और एक दिन ध्यान अपने आप घटित हो गया। वह गुरु के पास लौटा और बोला, "गुरुदेव, अब भीतर एक अद्भुत मौन है, मानो कोई प्रकाश भीतर से फूट रहा हो।" गुरु ने कहा, "वही चेतना का प्रस्फुटन है, जो शुद्ध प्राण से प्रकट हुआ है।"

जब प्राण मलिन होता है, तो चेतना संकुचित हो जाती है। व्यक्ति केवल अपनी सीमाओं में सोचने लगता है। मेरा परिवार, मेरा धर्म, मेरा लाभ, मेरा दुख। लेकिन जब प्राण शुद्ध होता है, तब चेतना का दायरा विस्तृत हो जाता है। वह 'मैं' से 'हम' की ओर बढ़ती है। वह अपने सुख-दुख से परे जाकर दूसरों के कल्याण की अनुभूति करने लगती है। यही करुणा है, यही आत्मा का जागरण है।

उपनिषदों में कहा गया है —

"यदा पवनः शुद्धो भवति, तदा आत्मा प्रकाशते।"

अर्थात जब भीतर का पवन (प्राण) शुद्ध होता है, तब आत्मा का प्रकाश प्रकट होता है। यह प्रकाश कोई भौतिक प्रकाश नहीं है, बल्कि चेतना की गहराई में जागने वाला अनुभव है। उस क्षण व्यक्ति जान लेता है कि वह केवल शरीर या मन नहीं, बल्कि वही शुद्ध, साक्षी, और आनंदमय सत्ता है जो सबमें विद्यमान है।

शुद्ध प्राण व्यक्ति के विचारों को भी बदल देता है। जब ऊर्जा शुद्ध होती है, तो विचार स्वतः सकारात्मक, रचनात्मक और शांत हो जाते हैं। क्रोध में भरा व्यक्ति जब गहरी सांस लेता है, तो कुछ ही क्षणों में शांत हो जाता है, क्योंकि सांस की गति बदलने से प्राण की लय बदल जाती है। प्राण की लय बदलने से चेतना की दिशा बदल जाती है। यह सूक्ष्म प्रक्रिया शरीर, मन और आत्मा को एक सूत्र में बाँध देती है।

गौतम बुद्ध ने भी कहा था — "श्वास पर ध्यान दो, क्योंकि श्वास ही जीवन का पुल है।" यह पुल शरीर को आत्मा से जोड़ता है। जब यह पुल स्वच्छ और खुला होता है, तब जीवन सहजता से बहता है। लेकिन जब यह अवरुद्ध होता है, तब व्यक्ति हर क्षण किसी अदृश्य बोझ के नीचे दबा रहता है। आज की आधुनिक जीवनशैली ने हमारे प्राण को विकृत कर दिया है। प्रदूषित वायु, असंयमित दिनचर्या, तनाव और निरंतर चिंता ने इस अदृश्य ऊर्जा

को कमज़ोर कर दिया है। हम ऊर्जा की कमी को कॉफी, दवाइयों या मनोरंजन से भरने की कोशिश करते हैं, पर यह अस्थायी उपाय हैं। वास्तविक शक्ति तब आती है जब प्राण स्वयं निर्मल होता है। यही कारण है कि प्राचीन भारत में सुबह-सुबह सूर्य नमस्कार, गहरी श्वास, और मौन ध्यान को जीवन का अंग माना गया था।

शुद्ध प्राण केवल शरीर को नहीं, विचारों को भी स्वस्थ बनाता है। वह हमारी धारणा को तीक्ष्ण करता है, हमारी अंतर्दृष्टि को जाग्रत करता है। जब व्यक्ति का प्राण शुद्ध होता है, तो वह केवल सुनता नहीं, बल्कि हर शब्द के पीछे की भावना को भी समझता है। वह केवल देखता नहीं, बल्कि वस्तुओं में चेतना के कंपन को महसूस करता है। यही "साक्षीभाव" का प्रारंभ है।

प्राण की शुद्धता में ही आध्यात्मिक उन्नति का बीज छिपा है। योग के अनुसार मनुष्य के शरीर में सात प्रमुख ऊर्जा केंद्र (चक्र) हैं। जब प्राण अशुद्ध होता है, तो ये केंद्र अवरुद्ध रहते हैं। जब प्राण शुद्ध होने लगता है, तो ये केंद्र खुलने लगते हैं, और चेतना क्रमशः ऊपर उठने लगती है। मूलाधार से सहस्रार तक की यह यात्रा कोई बाहरी साधना नहीं, बल्कि आंतरिक परिष्कार की प्रक्रिया है।

शुद्ध प्राण हमें हमारे स्वभाव के शुद्ध स्वरूप की याद दिलाता है। तब जीवन कोई संघर्ष नहीं रह जाता, बल्कि एक सहज प्रवाह बन जाता है। हम देखते हैं कि हर घटना, हर व्यक्ति, हर परिस्थिति हमें भीतर की चेतना को परिष्कृत करने का अवसर दे रही है। तब संसार अब शत्रु नहीं रह जाता, बल्कि साधना का मार्ग बन जाता है।

इस अवस्था में व्यक्ति बाहरी सफलता या असफलता से अप्रभावित रहता है। उसका मन भीतर से स्थिर हो जाता है। यह स्थिरता किसी बंधन से नहीं, बल्कि मुक्त होने से आती है। जब प्राण शुद्ध होता है, तब चेतना मुक्त होती है। और जब चेतना मुक्त होती है, तब आत्मा अपने सच्चे स्वरूप में प्रकट होती है — आनंदमय, अचल और अनंत।

कहा गया है — **"नायमात्मा बलहीनेन लभ्यः।"** यह आत्मा दुर्बल प्राण वाले को प्राप्त नहीं होती। यहाँ 'बल' का अर्थ बाहरी शक्ति नहीं, बल्कि प्राण की तीव्रता से है। जब प्राण पूर्ण, निर्मल और संतुलित होता है, तब चेतना अपने उच्चतम स्तर पर पहुँचती है। यही वह अवस्था है जहाँ योगी समाधि को प्राप्त करता है जहाँ देखने वाला, देखा गया और देखने की क्रिया तीनों एक हो जाते हैं।

हम यह समझ लें कि प्राण कोई साधारण तत्व नहीं, बल्कि जीवन का सार है। यह वह दिव्य ऊर्जा है जो हमें धरती और आकाश, स्थूल और सूक्ष्म, सीमित और असीम के बीच जोड़ती है। जब यह शुद्ध होता है, तो हम ब्रह्मांड की धड़कन के साथ धड़कने लगते हैं। और यही

क्षण होता है जब चेतना अपने वास्तविक स्वरूप में प्रकट होती है — न प्रकाश की तरह बाहर, बल्कि सुगंध की तरह भीतर से फैलती हुई।

शुद्ध प्राण में जीना, शुद्ध चेतना में जीना है। यह कोई असंभव आदर्श नहीं, बल्कि जीवन की स्वाभाविक स्थिति है। बस हमें उन आवरणों को हटाना है जो इस शुद्धता को ढकते हैं अहंकार, असंयम, असत्य और आलस्य। जब ये मिटते हैं, तो भीतर का प्रवाह स्वतः निर्मल हो जाता है।

तब व्यक्ति के भीतर एक नयी चमक आती है। जो चेहरे पर नहीं, दृष्टि में होती है; जो वाणी में नहीं, मौन में होती है, जो ज्ञान में नहीं, अनुभव में होती है। यही वह क्षण है जब प्राण शुद्ध होकर चेतना को पूर्ण रूप में प्रकाशित कर देता है। तब जीवन केवल जीना नहीं रह जाता, बल्कि एक सतत प्रार्थना बन जाता है।

भाग 6
समय और मृत्यु
से परे "मैं"

➢ शरीर जन्म लेता है, मैं नहीं

मनुष्य का सबसे पुराना प्रश्न है—"मैं कौन हूँ?" और इसका सबसे गहराई वाला उत्तर है—"मैं शरीर नहीं हूँ।" यह वाक्य पहली बार सुनने पर साधारण लगता है, पर जब इसे समझना शुरू करते हैं, तो पता चलता है कि यह जीवन का सबसे महान रहस्य है। शरीर का जन्म होता है, वह बढ़ता है, बदलता है, और एक दिन विलीन हो जाता है। किंतु वह चेतना जिसमें यह बदली हुई अवस्थाएँ देखी जाती हैं—वह जन्म नहीं लेती, वह एक निरंतर उपस्थित सत्ता है। शरीर केवल एक वस्त्र है जिसे आत्मा धारण करती है। वस्त्र बदल जाते हैं, पर पहनने वाला वही रहता है—इस सत्य को समझ लेना जीवन की आधी साधना पूर्ण कर देता है।

शरीर की उत्पत्ति माता-पिता के माध्यम से होती है। उनके द्वारा दिया गया भोजन, रक्त और ऊर्जा मिलकर भ्रूण का रूप लेती है, और वही आगे चलकर एक जीवित मानव शरीर बनता है। लेकिन प्रश्न यह है कि इस शरीर में चेतना कहाँ से आई? यह जागरूकता, यह अनुभव करने की क्षमता, यह "मैं हूँ" की अनुभूति कौन लाता है? शरीर को तो यह पता ही नहीं होता कि वह अस्तित्व में है। हृदय धड़कता है, लेकिन उसे अपने धड़कने का ज्ञान नहीं। फेफड़े सांस लेते हैं, पर उन्हें पता नहीं कि वे सांस ले रहे हैं। असल में जो जानता है, जो अनुभव करता है, जो महसूस करता है—वह शरीर नहीं, बल्कि चेतना है।

भगवद्गीता इस सत्य को सबसे सरल और गहरे रूप में कहती है "न जायते म्रियते वा कदाचित्; नायं भूत्वा भविता वा न भूयः।" अर्थात आत्मा न जन्म लेती है, न मरती है, और न ही कभी अस्तित्व से बाहर होती है। यह श्लोक केवल दर्शन नहीं, बल्कि मानव जीवन का वास्तविक नक्शा है। यह बताता है कि शरीर तो प्रकृति का हिस्सा है, पर आत्मा प्रकृति के पार है। शरीर एक घटना है, किंतु "मैं" वह चैतन्य हूँ जो घटनाओं का साक्षी है।

बचपन में शरीर छोटा था, फिर बड़ा हुआ, किशोर बना, जवान बना, और धीरे-धीरे वृद्ध होने लगा। लेकिन क्या आपने कभी अपनी 'अंदरूनी उपस्थिति' में कोई परिवर्तन महसूस किया? अंदर वही "मैं" है—जो बचपन में था वही अभी है। शरीर बदल गया, पर मैं नहीं बदला। शरीर पर झुर्रियाँ आती हैं, गति धीमी हो जाती है, आँखें कमजोर पड़ जाती हैं, पर जो भीतर है वह उसी शांति, उसी निरंतरता, उसी उपस्थिति से काम करता रहता है। यह बताता है कि शरीर तो समय के अधीन है, पर "मैं"—जो इसके भीतर अनुभव कर रहा है—वह समय से परे है।

एक वृद्ध ऋषि का एक शिष्य था, जो अपने गुरु से बार-बार एक ही प्रश्न पूछता—"गुरुदेव, क्या मैं शरीर हूँ या कुछ और?" गुरु वर्षों तक मुस्कुराकर उत्तर देते—"समय आने दो, स्वयं

देख लोगे।" एक दिन गुरु ने अपने शिष्य को दर्पण के सामने खड़ा किया और कहा, "यह शरीर अब बूढ़ा हो चुका है, पर स्वयं को ध्यान से देखो। क्या तुम्हें ऐसा लगता है कि जो भीतर है वह भी बूढ़ा हो गया है?" शिष्य कुछ देर मौन रहा और फिर बोला, "नहीं, गुरुदेव, जो भीतर है वह उम्ररहित है, जैसे कल था वैसे ही आज है।" गुरु ने कहा, "यही सत्य है। जो बदलता है वह तुम नहीं हो, जो नहीं बदलता वही तुम हो।"

शरीर का जन्म तो केवल यात्रा का आरंभ है। जैसे कोई यात्री रेलगाड़ी में एक डिब्बा बदलता है, उसी तरह चेतना शरीर रूपी डिब्बे में प्रवेश करती है और निकल भी जाती है। डिब्बा बदलता है, पर यात्री वही रहता है। एक जन्म से दूसरे जन्म तक चेतना की यात्रा इसी तरह चलती रहती है, जबकि शरीर बदलते जाते हैं। यही कारण है कि कभी-कभी किसी अनजान स्थान या व्यक्ति को देखकर हमें ऐसा लगता है कि "मैं इसे पहले भी जानता था।" इसका कारण यह है कि चेतना की स्मृति शरीर की स्मृति से कहीं बड़ी होती है।

शरीर को हम "मैं" समझने लगते हैं क्योंकि हमारा ध्यान बाहर की ओर अधिक केंद्रित है। हमें शरीर दिखाई देता है, वह महसूस होता है, वह अनुभव योग्य है, इसलिए हम मान लेते हैं कि "मैं यही हूँ।" लेकिन यह समझना चाहिए कि जो दिखाई देता है वह वस्तु है, और वस्तु "मैं" नहीं हो सकती। शरीर का अनुभव तो मैं करता हूँ, पर अनुभव करने वाली सत्ता शरीर से भिन्न है। जैसे दीपक की लौ कमरे को रोशन करती है, पर लौ स्वयं कमरे का हिस्सा नहीं होती, उसी प्रकार आत्मा शरीर को जीवन देती है, पर वह शरीर नहीं है।

दुनिया का हर धर्म, हर उपनिषद, हर योग साधना यही कहता है—"मनुष्य शरीर नहीं, बल्कि चेतना है।" और चेतना का जन्म नहीं होता। वह अनादि (जिसकी कोई शुरुआत नहीं), और अनन्त (जिसका कोई अंत नहीं) है। शरीर प्रकृति है, चेतना आत्मा है। प्रकृति बदलती है, आत्मा नहीं बदलती। यही कारण है कि मृत्यु भी केवल शरीर की है, "मैं" की नहीं।

अब सोचिए—यदि मैं शरीर नहीं हूँ, तो मुझे मृत्यु से भय क्यों लगे? मृत्यु तो शरीर का वस्त्र बदलने की प्रक्रिया है। आत्मा वस्त्र उतारकर नया वस्त्र धारण कर लेती है। जब तक हम अपने को शरीर मानेंगे, तब तक मृत्यु को शत्रु समझेंगे। लेकिन जैसे ही "मैं शरीर नहीं हूँ, मैं चेतना हूँ" यह सत्य भीतर पैठ जाता है, मृत्यु का भय अपने आप नष्ट हो जाता है। तब जीवन एक प्रवाह की तरह हो जाता है—जन्म से मृत्यु तक, मृत्यु से जन्म तक, एक नदी की तरह सहज, शांत और निरंतर।

अगर शरीर "मैं" होता तो मेरा अस्तित्व शरीर के समाप्त होते ही समाप्त हो जाना चाहिए। पर सत्य इसका उल्टा है। मृत्यु के क्षण में जब शरीर निष्क्रिय हो जाता है, तब भी कुछ ऐसा

है जो शरीर को छोड़ता है, जिसे लोग "प्राण," "जीव," "चैतन्य," "रूह" या "आत्मा" कहते हैं। यह वह "मैं" है जो न जन्म लेता है, न मरता है। वह शरीर में आया भी नहीं, क्योंकि जो जन्म लेता है वह मरता है। आत्मा तो केवल शरीर में 'प्रकट' होती है, जन्म नहीं लेती।

कठोपनिषद में कहा गया है—"न हन्यते हन्यमाने शरीरे।"अर्थात शरीर नष्ट होने पर भी आत्मा नष्ट नहीं होती। यह वाक्य केवल तर्क नहीं, बल्कि एक गहरी अनुभूति है। और यह अनुभूति तब होती है जब व्यक्ति अपने भीतर की उस चेतना को देखना शुरू करता है जो शरीर से परे है। तो समझना यही है कि शरीर जन्म लेता है क्योंकि वह प्रकृति का हिस्सा है—मिट्टी से बना है, मिट्टी में ही लौट जाएगा। लेकिन "मैं"—वह चेतना, वह अनुभव करने वाली सत्ता, वह प्रकाश जो भीतर जल रहा है—उसका कोई जन्म नहीं और कोई मृत्यु नहीं। शरीर बदलता है, पर "मैं" नहीं बदलता। शरीर समाप्त होता है, पर "मैं" समाप्त नहीं होता। शरीर सामने दिखाई देता है, पर "मैं" साक्षी रूप में भीतर रहता हूँ। शरीर समयबद्ध है, पर "मैं" कालातीत हूँ। और जब यह सत्य हृदय के भीतर उतर जाता है, तब मनुष्य पहली बार मृत्यु से परे जीना शुरू करता है। वह मन से मुक्त होता है, भय से मुक्त होता है, और जन्म-मरण के चक्र को एक प्राकृतिक प्रक्रिया समझकर जीवन को गहराई से जीने लगता है।

➢ मृत्यु परिवर्तन है, समाप्ति नहीं

मृत्यु को मनुष्य ने हमेशा एक अंत, एक अंधकार या एक भय के रूप में देखा है, जबकि सत्य यह है कि मृत्यु कोई समाप्ति नहीं—एक परिवर्तन है, जीवन के दूसरे आयाम में प्रवेश का द्वार है। प्रकृति का सबसे स्थायी नियम परिवर्तन है, और मृत्यु इसी परिवर्तन की सबसे सुंदर अभिव्यक्ति है। जब तक हम मृत्यु को विनाश मानते हैं, तब तक जीवन अधूरा और भयभीत लगता है। लेकिन जैसे ही यह समझ आने लगती है कि मृत्यु केवल रूपांतरण है, तब जीवन एक गहरे अर्थ से भर उठता है।

प्रकृति में कुछ भी कभी समाप्त नहीं होता, वह केवल अपना स्वरूप बदलता है। बीज मिट्टी में गाड़ दिया जाता है, तो ऐसा लगता है कि वह नष्ट हो गया। पर वास्तव में वही बीज वृक्ष बनकर फिर उठ खड़ा होता है। जल वाष्प बनता है, फिर बादल बनकर वर्षा के रूप में लौटता है। सूर्य ढलता है, पर उसी क्षण कहीं दूसरा सूर्य उग रहा होता है। रात आती है ताकि अगली सुबह को जन्म मिले। यदि प्रकृति में परिवर्तन को अंत मान लिया जाए, तो दुनिया का हर चक्र थम जाएगा। इसलिए मृत्यु जीवन के प्रवाह का एक आवश्यक हिस्सा है, अंत नहीं।

एक बार एक साधु नदी किनारे बैठे ध्यान कर रहे थे। तभी एक युवा आया और बोला—"गुरुदेव, मैं मृत्यु से बहुत डरता हूँ। मुझे लगता है कि मृत्यु सब कुछ खत्म कर देगी।" साधु ने नदी की ओर संकेत करके कहा—"क्या तुम देखते हो कि यह नदी समुद्र में मिलकर समाप्त हो जाती है?" युवक बोला—"नहीं, वह समाप्त नहीं होती, बस अपना रूप बदलती है।" साधु मुस्कुराए—"जिस दिन तुम समझ जाओगे कि मनुष्य भी नदी की तरह है, उस दिन मृत्यु तुम्हारे लिए भय नहीं, एक यात्रा होगी।"

हम जानते हैं कि शरीर एक निश्चित समय तक काम करता है। लेकिन जब शरीर अपनी सीमा पर पहुँच जाता है, तब जीवन एक नए माध्यम की ओर बढ़ता है। मृत्यु वह द्वार है जिसके पार चेतना अपनी यात्रा को अगले अनुभवों, अगले अवसरों और अगले सीखों के साथ जारी रखती है। विश्व की हर आध्यात्मिक परंपरा—हिंदू, बौद्ध, सूफी, और यहां तक कि प्राचीन मिस्र की शिक्षाएँ—यह कहती हैं कि मृत्यु यात्री का अंत नहीं, बल्कि एक नया पड़ाव है।

बुद्ध ने कहा था— "जीवन एक दीपक से दूसरे दीपक में प्रकाश के स्थानांतरण की तरह है।" दीपक बदल जाता है, पर प्रकाश अकेला कभी बुझता नहीं।

मृत्यु के प्रति हमारे भय का आधार यह है कि हम जीवन को केवल शरीर तक सीमित मान लेते हैं। लेकिन मृत्यु का गहरा अर्थ समझने के लिए यह देखना होगा कि जीवन केवल शरीर की धड़कन नहीं है, जीवन उस चेतना का अनुभव है जो हर परिवर्तन को देख रही है। मृत्यु उसी अनुभव का एक आवश्यक मोड़ है, जहाँ पुराने अनुभव समाप्त होकर नई शुरुआत होती है।

जो व्यक्ति मृत्यु को अंत मान लेता है, उसका जीवन भय से भर जाता है। वह हमेशा भविष्य के खोने की चिंता में जीता है। लेकिन जो व्यक्ति मृत्यु को परिवर्तन मान लेता है, वह वर्तमान को गहराई से जीना शुरू करता है, क्योंकि उसे पता है कि जीवन एक सतत प्रवाह है—कभी न रुकने वाला। वह समझता है कि जो आया है, वह जाएगा; और जो जाता है, वह लौटकर आएगा—शायद किसी नए अनुभव, नए रूप, नए अवसर के साथ।

एक पुरानी कथा है—एक नगर में एक महान ज्ञानी रहते थे। एक दिन उनके गाँव में एक युवक की मृत्यु हो गई और पूरे गाँव में शोक छा गया। लोग ज्ञानी के पास गए और बोले—"क्या मृत्यु से बड़ा दुख कोई है?" ज्ञानी शांत रहे, फिर सबको तालाब के किनारे ले गए। उन्होंने तालाब से पानी भरी एक मटकी निकाली और जोर से उसे जमीन पर पटक दिया। मटकी टूट गई और पानी मिट्टी में समा गया। फिर ज्ञानी बोले—"क्या पानी समाप्त

हो गया?” सभी ने कहा—“नहीं, वह मिट्टी में गया है, फिर बादल बनेगा और बारिश होकर लौट आएगा।” ज्ञानी ने कहा—“ठीक उसी तरह मृत्यु केवल शरीर के बर्तन के टूटने का नाम है। जीवन का सार—जो इस बर्तन में था—वह कहीं नहीं जाता, बस अपने अगले रूप में प्रवाहित हो जाता है।”

मृत्यु को समाप्ति मानना उसी तरह है जैसे सूर्यास्त को समाप्ति मान लेना। सूर्य कहीं गया नहीं—बस हमारी दृष्टि से ओझल हुआ। इसी तरह आत्मा भी शरीर से ओझल होती है, समाप्त नहीं।

आधुनिक विज्ञान भी धीरे-धीरे यह मानने लगा है कि चेतना केवल मस्तिष्क की क्रिया नहीं है। मृत्यु के निकट अनुभवों में लोगों ने बताया है कि हृदय बंद होने के बाद भी वे देख रहे थे, सुन रहे थे, और अपने शरीर से अलग स्वयं को अनुभव कर रहे थे। वैज्ञानिक इसका कारण नहीं समझ पाए, पर इतना तो निश्चित हुआ कि चेतना का अस्तित्व शरीर से परे है, और मृत्यु चेतना का अंत नहीं।

जीवन में हम प्रतिदिन छोटे-छोटे रूपांतरणों से गुजरते हैं—बचपन से किशोरावस्था, किशोर से वयस्क, वयस्क से वृद्ध। हर अवस्था एक छोटी मृत्यु है। कुछ पुराना समाप्त होता है ताकि नया जन्म ले सके। इसी तरह बड़ी मृत्यु भी केवल एक बड़ा परिवर्तन है। यदि छोटी मृत्यु को हम विकास कहते हैं, तो बड़ी मृत्यु को हम अंत क्यों कहें? जीवन की पूरी संरचना परिवर्तन पर आधारित है।

जब मनुष्य मृत्यु को परिवर्तन के रूप में स्वीकार कर लेता है, तब उसके भीतर अपार साहस जागता है। वह समझता है कि यहाँ कुछ भी स्थायी नहीं, इसलिए किसी वस्तु, संबंध या परिस्थिति से कठोर रूप से चिपकना व्यर्थ है। वह अपने जीवन में अधिक करुणा, अधिक प्रेम और अधिक जागरूकता लाने लगता है। मृत्यु की समझ जीवन को हल्का कर देती है, क्योंकि वह समझाता है कि जो चीजें हमें बोझ लगती हैं, वे सभी अस्थायी हैं।

सबसे महत्वपूर्ण बात—मृत्यु का सही ज्ञान जीवन के मूल्य को बढ़ा देता है। जब व्यक्ति जान लेता है कि वह यहाँ यात्रा पर है, तो वह हर क्षण को सार्थक बनाता है। वह अधिक ईमानदारी से जीता है, अधिक प्रेम से व्यवहार करता है, और अधिक साहस से निर्णय लेता है। मृत्यु का भय दरअसल जीवन को अधूरा जीने का भय है। जब मृत्यु मित्र बन जाती है, तो जीवन एक महोत्सव बन जाता है, क्योंकि तब व्यक्ति जानता है कि हर अंत में एक आरंभ छिपा है।

शास्त्र कहते हैं— **“मरणं प्रकृतिः देहिनाम्, प्रकृतिश्च न विनश्यति।”** अर्थात शरीर का नाश प्रकृति का नियम है, पर जीवन का मूल कभी नष्ट नहीं होता।

मृत्यु के प्रति यह दृष्टि मनुष्य को नए प्रकार की स्वतंत्रता देती है। अब वह खोने से नहीं डरता, समय से नहीं डरता, रोग से नहीं डरता। उसके भीतर एक शांति आती है—क्योंकि वह जानता है कि जीवन उसका अपना है, परंतु शरीर उसका नहीं है; शरीर प्रकृति की देन है, और मृत्यु प्रकृति को उसका दिया हुआ वापस लौटा देना है।

इस प्रकार मृत्यु को समझना अंत को समझना नहीं, बल्कि जीवन को उसके वास्तविक स्वरूप में स्वीकार करना है। जब हम यह अनुभव करते हैं कि मृत्यु परिवर्तन है, समाप्ति नहीं, तब हम महसूस करते हैं कि अस्तित्व में सब कुछ एक विशाल प्रवाह है—जहाँ कोई अंत नहीं, केवल रूपांतरण हैं। और इसी अनुभव से मनुष्य आत्मिक स्वतंत्रता की पहली झलक पाता है।

➢ समय मन का माप है, आत्मा कालातीत

मानव जीवन का सबसे बड़ा भ्रम समय का भ्रम है। समय—जो हमारे दिन, वर्षों, उपलब्धियों, क्षणों, हानि-लाभ सबको बाँधता है—वह वास्तव में जीवन का नहीं, बल्कि मन का निर्माण है। मन चलता है तो समय चलता दिखाई देता है; मन रुक जाए तो समय जैसे अस्तित्व ही खो देता है। मन श्रेणियाँ बनाता है—भूत, वर्तमान और भविष्य—क्योंकि वह एक प्रवाहशील स्मृति-प्रणाली है।

स्मृतियाँ न हों तो भूत नहीं बचता, कल्पना न हो तो भविष्य नहीं बचता, और जब विचार रुक जाएँ, तभी वर्तमान अपना शुद्ध रूप दिखाता है। इसीलिए उपनिषद घोषणा करते हैं: **"कालो हि दैवतम्"**—काल मनुष्य का निर्माता भी है और बंधन भी। पर वही उपनिषद आगे यह भी कहते हैं कि आत्मा उस काल से परे है, जैसे सूर्य बादलों की छाया से परे है, भले छाया उस पर पड़ती हुई प्रतीत हो।

समय को समझने के लिए पहले मन को समझना आवश्यक है, क्योंकि समय मन के भीतर बहने वाला एक मनोवैज्ञानिक प्रवाह है। घड़ी केवल बाहरी घटनाओं का संग्रह है, लेकिन इन घटनाओं को अर्थ देना मन का काम है। यही कारण है कि हमारे लिए पाँच मिनट कभी युगों जैसे भारी हो जाते हैं और कभी घंटे कुछ सेकंडों की तरह बीत जाते हैं। स्वयं गीता कहती है: **"कर्मणां परिणामः कालाधीनः"**—कर्मों का परिणाम समय के अधीन है, परन्तु वह "मैं" जो कर्म करता है, वह समय से परे है। समय बदलता है, विचार बदलते हैं, परिस्थितियाँ बदलती हैं, परन्तु यह अनुभव करने वाला साक्षी न बदलता है न बूढ़ा होता है।

समय की प्रकृति को समझाने के लिए एक पुरानी कथा कही जाती है। एक महर्षि के पास

एक शिष्य आया जिसने कहा, "गुरुदेव, समय मुझे सताता है। हर क्षण लगता है जैसे कुछ छूट रहा हो। मैं भविष्य के भय में डूबा रहता हूँ और भूत की गलतियों से मुक्त नहीं हो पाता। मुझे शांत कैसे मिल सकती है?" गुरु मुस्कुराए और बोले, "मेरे साथ जंगल चलो।" दोनों कुछ दूरी तक चले और गुरु ने कहा, "इस पेड़ को देखो।" शिष्य ने पेड़ को देखा। गुरु ने पूछा, "तुमने क्या देखा?" शिष्य ने कहा, "एक बड़ा विशाल वृक्ष।" गुरु बोले, "अब अपनी सोच को रोक कर देखो—केवल देखो।" शिष्य ने धीरे-धीरे अपने विचारों को शांत किया। कुछ क्षण बाद उसने कहा, "गुरुदेव, अब पेड़ बहुत स्पष्ट दिखता है, जैसे पहली बार देख रहा हूँ।" गुरु ने कहा, "यही समय रहित दृष्टि है। विचार हटते ही भूत-भविष्य की दीवारें गिर जाती हैं। जब मन नहीं होता, तब समय नहीं होता। जब समय नहीं होता, तब सत्य प्रकट होता है।"

यही समय की सबसे अद्भुत पहेली है—समय मन की गति से बनता है। मन जितना बेचैन होता है, समय उतना ही भारी, टेढ़ा-मेढ़ा, अनियमित लगता है; मन जितना शांत होता है, समय उतना ही पारदर्शी हो जाता है। ध्यान की अवस्था में साधक अक्सर कहता है—"पता ही नहीं चला एक घंटा कब बीत गया।" यह कथन इसलिए नहीं कि समय सच में गायब हो गया, बल्कि इसलिए कि मन की गतिविधि गायब हो गई, और जहाँ मन नहीं, वहाँ समय नहीं। इसी से महावाक्य उत्पन्न हुआ: **"क्षणं क्षणं मनः क्षीयते, क्षीयमाने मनसि कालः क्षीयते"**—मन क्षीण होता है तो समय भी क्षीण हो जाता है।

प्रकृति बाहरी घटना-क्रम को तो अपने नियमों के तहत चलाती है, लेकिन हमारे भीतर अनुभव होने वाला समय मन की तरंगों के अनुसार बदलता रहता है। कोई दुख भरा दिन कभी समाप्त नहीं होता लगता, और कोई आनंद भरा क्षण पलक झपकते बीत जाता है। इससे स्पष्ट होता है कि समय वस्तुनिष्ठ नहीं है; वह मन के दृष्टिकोण से निर्मित एक अनुभव है। यह अनुभव जितना गहरा मानसिक होता है, उतना ही वास्तविक प्रतीत होता है। लेकिन आत्मा इसका साक्षी मात्र होती है—वह समय को देखती है, पर नीचे नहीं गिरती।

इस सत्य को समझने के लिए एक और बात महत्वपूर्ण है—समय का संबंध परिवर्तन से है। जहाँ परिवर्तन है, वहाँ समय है; जहाँ न कोई परिवर्तन है न कोई गति, वहाँ समय का कोई अस्तित्व नहीं। आत्मा में न कोई गति है, न कोई परिवर्तन। इसलिए आत्मा कालातीत है। आत्मा न जन्म लेती है, न मरती है, न घटती है, न बढ़ती है। जो बदलता है वह शरीर है; जो हिलता है वह मन है; जो बहता है वह प्राण है; पर जो इन सबका गवाह है, वह "मैं" किसी भी समय-रेखा में नहीं आता। गीता स्पष्ट कहती है: **"न जायते म्रियते वा कदाचित्...**

नित्यः शाश्वतोऽयं पुराणः।" यह केवल धार्मिक कथन नहीं, बल्कि आत्मानुभूति का सीधा संकेत है।

मन समय को पकड़ना चाहता है, क्योंकि उसे लगता है कि समय में ही सुख-दुख, सफलता-असफलता, सम्मान-अपमान सब बँधे हैं। वह समय को थामकर अपने अस्तित्व को स्थिर करना चाहता है। पर मन जितना समय को पकड़ना चाहता है, समय उतना ही हाथों से रेत की तरह फिसलता जाता है। इसके विपरीत आत्मा को समय की कोई आवश्यकता नहीं। आत्मा किसी उपलब्धि से पूर्ण नहीं होती, किसी हानि से अधूरी नहीं होती। वह केवल होती है—अपरिवर्तनशील, अचल, शांत, प्रखर। जैसे आकाश बादलों के आने-जाने से प्रभावित नहीं होता, वैसे ही आत्मा मन के समय-तूफानों से प्रभावित नहीं होती।

मन, जो स्वयं को समय के बंधन में मानता है, हमेशा या तो भूत में रहता है या भविष्य में। शायद ही कभी वह वर्तमान की शुद्धता को महसूस करता है। पर आत्मा का निवास यही वर्तमान है। वर्तमान ही कालातीत का द्वार है। जब मन अपने पुराने बंधनों से छूटता है और कूदकर वर्तमान क्षण में उतर जाता है, तब साधक एक अजीब सी व्यापकता अनुभव करता है—ऐसा लगता है जैसे वह समय की रेखा से ऊपर उठ गया हो। यह उस क्षण की झलक है जब मन अपनी सत्ता खोकर आत्मा के प्रकाश को छूता है।

यही साधना का सार है—मन को इतना शांत करना कि समय के पर्दे हट जाएँ और आत्मा का कालातीत प्रकाश दिखाई देने लगे। जब साधक इस सत्य को जान लेता है कि समय केवल मन का माप है, तब वह समय से डरना छोड़ देता है। न वह वृद्धावस्था से भयभीत होता है, न भविष्य के अनिश्चितता से, न पिछले जीवन की गलतियों से। वह समझ जाता है कि समय जीवन की धारा है, लेकिन वह स्वयं उस धारा के ऊपर स्थित आकाश है। समय बदलता है क्योंकि परिस्थितियाँ बदलती हैं; पर जो बदल रहा है उसकी जड़ में एक ऐसी सत्ता है जो कभी नहीं बदलती।

अंततः यही निष्कर्ष आत्मबोध की दिशा में मार्गदर्शक है—जब तक मन समय से बंधा है, तब तक मनुष्य सीमित है। जब "मैं" स्वयं को मन से परे पहचान लेता है, तब वह समय से मुक्त हो जाता है। यह मुक्ति बाहरी जीवन छोड़ने की नहीं, बल्कि समय के भ्रम से उठने की है। तब जीवन अपने वास्तविक स्वरूप में प्रकट होता है—शांत, स्वच्छ, व्यापक, अनंत। समय बहता रहता है, पर आत्मा अपनी शाश्वत उपस्थिति में स्थिर रहती है। यही जान लेना ही आत्म-विजय है, और यही समझ लेना ही कालातीत सत्य को छूना है।

➢ **"मैं" सदा हूँ — अनादि, अनन्त, अविनाशी**

मानव जीवन की सबसे महान खोज यही है—"मैं कौन हूँ?" और इस खोज का अंतिम उत्तर सदियों से एक ही रहा है—"मैं" शरीर नहीं हूँ, मन नहीं हूँ, भावनाएँ नहीं हूँ, विचार नहीं हूँ; "मैं" वह हूँ जो इन सबको देख रहा है। यही साक्षी-स्वरूप, यही चेतना, यही अस्तित्व—अनादि है, क्योंकि इसका कोई प्रारम्भ नहीं; अनन्त है, क्योंकि इसका कोई अंत नहीं; और अविनाशी है, क्योंकि कोई शक्ति इसे नष्ट नहीं कर सकती।

उपनिषदों का निःशब्द निर्णय है: "अयम् आत्मा नित्यः"—यह आत्मा नित्य है। यह नित्यत्व किसी धार्मिक विश्वास पर आधारित नहीं, बल्कि प्रत्यक्ष अनुभूति पर आधारित है। जो कभी बदलता नहीं, जो कभी समाप्त नहीं होता, वही "मैं" है।

शरीर बचपन, युवावस्था, वृद्धावस्था से गुजरता है; मन असंख्य भावनाओं और विचारों से भरता-खाली होता रहता है; लेकिन प्रत्येक परिवर्तन को देखने वाला एक स्थिर केंद्र है। यह स्थिरता ही "मैं" है। इसी कारण गीता में कहा गया: "अविनाशि तु तद् विद्धि येन सर्वम् इदं ततम्"—वह जो सबमें व्याप्त है, अविनाशी है। जब साधक इस सत्य को अनुभव करता है, तब उसे समझ आता है कि मृत्यु केवल शरीर की होती है, "मैं" की नहीं। विचारों का जन्म होता है और वे समाप्त होते हैं; भावनाएँ उमड़ती हैं और खो जाती हैं; स्वप्न आते हैं और टूट जाते हैं; लेकिन इन सबके आने-जाने को जो देख रहा है, वह खुद न आया, न गया—वह तो केवल रहा है।

इसी सत्य को समझाने के लिए एक अत्यंत प्राचीन प्रसंग आता है। एक राजा अपनी मृत्यु के भय से व्याकुल था। उसने संसार के बड़े-बड़े संतों, दार्शनिकों और विद्वानों से पूछा कि क्या कोई ऐसी जगह है जहाँ मृत्यु नहीं पहुँचती। सबने अलग-अलग उत्तर दिए, पर उसका भय नहीं मिटा। अंत में वह एक साधु के पास पहुँचा। साधु ने उसे देखते ही कहा, "तुम जिसे बचाना चाहते हो, वह कभी मरेगा ही नहीं।" राजा चकित हुआ। साधु ने कहा, "तुम्हारा शरीर तो प्रकृति का अंश है और प्रकृति परिवर्तनशील है। लेकिन तुम्हारी चेतना प्रकृति की उपज नहीं है। वह प्रकृति को देखती है पर उसका अंग नहीं है। मृत्यु शरीर की है; तुम मृत्यु का अनुभव करते हो, लेकिन स्वयं मृत्यु नहीं हो सकते। जो मृत्यु को देख रहा है, वह उससे परे है। उसे कोई छू नहीं सकता।" राजा का भय उसी क्षण विलीन होने लगा। उसने पहली बार जाना कि "मैं" वह नहीं जो नाशवान है, बल्कि वह हूँ जिसका अस्तित्व नश्वरता के पार है।

अनन्त होने का अर्थ यह नहीं कि "मैं" बहुत लंबा समय जीवित रहता हूँ, बल्कि यह कि "मैं" समय की धारा में बंधा ही नहीं हूँ। समय शरीर पर लागू होता है, मन पर लागू होता है,

लेकिन आत्मा पर नहीं। समय का प्रभाव केवल उस स्तर तक है जहाँ परिवर्तन होता है, और आत्मा में कोई परिवर्तन नहीं। वह जैसे है, वैसे ही हमेशा रहती है। यही कारण है कि उपनिषद कहते हैं: "न हन्यते हन्यमाने शरीरे"— शरीर के नष्ट होने पर भी आत्मा नष्ट नहीं होती। यह अमरता केवल दार्शनिक विचार नहीं, आत्मिक अनुभव का परिणाम है।

यदि "मैं" अनादि है तो फिर वह कब से है? यह प्रश्न मन पूछता है, क्योंकि मन समय की सीमाओं में सोचता है। मन को हर चीज़ की शुरुआत और अंत चाहिए। लेकिन आत्मा शुरुआत और अंत के दो बिंदुओं के बीच स्थित रेखा नहीं है। वह उस रेखा को देखने वाली आँख है। जैसे आकाश का कोई आरंभ और अंत नहीं दिखता, वैसे ही "मैं" का भी कोई आरंभ और अंत नहीं है। शायद इसी लिए ऋषियों ने उसे "अखंड", "अनंत", "पूर्ण", "चैतन्य" कहा।

अब प्रश्न उठता है कि यदि "मैं" अनादि और अनन्त हूँ, तो मैं अपने को सीमित, असहाय, दुखी, भयभीत क्यों अनुभव करता हूँ? इसका कारण है कि मन अपनी सीमाओं को "मैं" समझ लेता है। मन दुखी होता है तो "मैं दुखी हूँ" लगता है; मन भयभीत होता है तो "मैं भयभीत हूँ" लगता है; मन असुरक्षित होता है तो "मैं असुरक्षित हूँ" लगता है। पर क्या कभी आपने देखा कि यह मन कितना बदलता रहता है? अभी यह प्रसन्न है, कुछ मिनट बाद बेचैन; कल यह निराश था, परसों उत्साहित। यदि "मैं" वास्तव में मन होता, तो "मैं" भी इसी तरह बदलता रहता। लेकिन "मैं" तो हर परिवर्तन के पीछे एक समान रूप से मौजूद रहता हूँ। क्षण-क्षण बदलते मन को अनुभव करने वाला कोई तो स्थिर है। वही "मैं" हूँ—अनुभव का केन्द्र, परिवर्तन का साक्षी, चेतना का आधार।

कई बार लोग पूछते हैं—यदि "मैं" इतना व्यापक हूँ, इतना अनन्त हूँ, तो फिर मुझे इसका अनुभव क्यों नहीं होता? कारण सरल है—जिस प्रकार सूर्य का प्रकाश बादलों से ढक जाता है, उसी प्रकार आत्मा की अनन्तता मन की तरंगों से ढक जाती है। मन के विचार, इच्छाएँ, भय, कल्पनाएँ—ये सब बादल हैं। बादल आते हैं, जाते हैं; लेकिन आकाश न बढ़ता है, न घटता है। इसी प्रकार "मैं" न नया होता है न पुराना। बस मन ही समय, उम्र, जीवन, मृत्यु के भँवर में फँसा रहता है।

इस सत्य को एक कहानी से समझें। एक बार एक बालक ने दर्पण में अपना चेहरा देखा। वह बूढ़े लोगों की तस्वीरें देखकर डर गया और बोला, "जब मैं बूढ़ा हो जाऊँगा तो मैं कैसा लगूँगा? क्या मैं बदल जाऊँगा?" उसके पिता ने कहा, "तुम्हारा चेहरा बदलेगा, पर तुम नहीं बदलोगे।" बालक ने पूछा, "कैसे?" पिता ने उसे एक दीपक दिया और कहा, "इस दीपक की लौ को देखो। जब इसमें नया तेल डालोगे तो लौ वैसी ही रहेगी; जब पुराना तेल जलता

रहेगा, फिर भी लौ वही रहेगी। नई बत्ती रखो या पुरानी, लौ अपनी पहचान नहीं खोती। शरीर बत्ती है, मन तेल है—पर तुम लौ हो। तुम नयी बत्ती से नहीं बदलते, न पुराने तेल से जलते हो।" यह साधारण उदाहरण आत्मा के अनन्तत्व की गहरी परिभाषा प्रस्तुत करता है।

"मैं" अविनाशी है क्योंकि अविनाशी होने का अर्थ है—जो टूट नहीं सकता, जिसे बदला नहीं जा सकता। और जो बदला नहीं जा सकता, वह समय और प्रकृति दोनों से स्वतंत्र है। प्रकृति में हर तत्व परिवर्तित होता है—पेड़ बढ़ते हैं और गिरते हैं, नदियाँ बहती हैं और सूख जाती हैं, पर्वत बनते हैं और टूट जाते हैं, ग्रह जन्म लेते हैं और नष्ट हो जाते हैं—परन्तु चेतना इन सबको देखती रहती है। क्या देखने वाला कभी उस चीज़ का हिस्सा हो सकता है जिसे वह देख रहा है? नहीं। देखने वाला हमेशा देखने लायक वस्तुओं से अलग होता है।

और यही जानना ही आत्मज्ञान है: "मैं बदलती दुनिया का हिस्सा नहीं हूँ; मैं उस बदलती दुनिया का अचल दर्शक हूँ।"

जब यह समझ गहराई से उतर जाती है तो भय का कोई स्थान नहीं रहता। न मृत्यु का भय, न समय का, न हानि का, न भविष्य का। जीवन एक यात्रा बन जाता है, और "मैं"—अनादि, अनन्त, अविनाशी—उस यात्रा का शुद्ध, निर्मल, अटल साक्षी बनकर प्रकट होता है। यह अनुभव ही मुक्ति है; यही सच्ची अमरता है।

भाग 7
जाग्रत, स्वप्न
और तुरीय अवस्था

➢ जाग्रत अवस्था : बाहरी दुनिया का अनुभव

मानव जीवन की यात्रा तीन अवस्थाओं पर आधारित है—जाग्रत, स्वप्न और सुषुप्ति; और इन तीनों के परे तुरीय, जो शुद्ध चेतना की उपस्थिति है। इनमें से जाग्रत अवस्था वह खिड़की है जिसके माध्यम से मनुष्य दुनिया को देखता, समझता और अनुभव करता है। यही वह स्थिति है जिसमें हम स्वयं को "मैं यही हूँ" मान लेते हैं—शरीर, नाम, संबंध, कर्म, परिस्थितियाँ, उपलब्धियाँ और इच्छाएँ। जाग्रत अवस्था हमें बाहरी दुनिया से जोड़ती है, परंतु साथ ही हमें सबसे अधिक उससे बाँधती भी है। इसीलिए इसकी गहराई को समझना आत्म-अन्वेषण का अनिवार्य चरण है।

जाग्रत अवस्था में हमारी इंद्रियाँ सक्रिय रहती हैं। आँखें रूप देखती हैं, कान ध्वनियाँ सुनते हैं, त्वचा स्पर्श का आभास करती है, नाक गंध को पहचानती है और जीभ स्वाद को अनुभव करती है। ये सब मिलकर एक विशाल संसार की रचना करते हैं—पर यह संसार भीतर की चेतना का नहीं, बाहर की वस्तुओं का होता है। उपनिषद कहते हैं: **"पराञ्चि खानि व्यतृणत् स्वयम्भूः"**—ईश्वर ने इंद्रियों को बाहर की ओर प्रवृत्त बनाया है। इसलिए मनुष्य पहले बाहर को देखता है, भीतर को नहीं। जाग्रत अवस्था में हम वस्तुओं का संसार देखते हैं, पर वस्तुओं को देखने वाले "स्वयं" को भूल जाते हैं।

जाग्रत अवस्था की सबसे सूक्ष्म विशेषता यह है कि यह हमें दुनिया का अनुभव कराती है, पर साथ ही भ्रमित भी करती है कि यही सब कुछ है। हम जिस दुनिया को देखते हैं, वह वास्तव में हमारी इंद्रियों की सीमाओं के भीतर निर्मित अनुभव है। आँखें केवल सीमित रंग-रूप देख सकती हैं, कान सीमित आवृत्तियाँ सुन सकते हैं—फिर भी हम मान लेते हैं कि जो हम देख रहे हैं, वही सम्पूर्ण सत्य है। जबकि "सत्य" उससे कहीं विस्तृत है। इसीलिए ऋषियों ने कहा: **"यद् द्रष्टव्यं तदेव दृश्यते न"**—जो दिख रहा है, वही देखने योग्य सत्य नहीं होता।

जाग्रत अवस्था हमें वस्तुओं का ज्ञान देती है, पर वस्तुओं के पार देखने की क्षमता तभी आती है जब मन अधिक सूक्ष्म, अधिक जागरूक, अधिक शांत हो जाता है।

जाग्रत अवस्था का सबसे गहरा पक्ष यह है कि यह मनुष्य को कर्म की दुनिया से जोड़ती है। जो हम सोचते हैं, बोलते हैं, करते हैं, वही जाग्रत अवस्था में घटता है। हमारा चरित्र इसी अवस्था में आकार लेता है। मन की इच्छाएँ यहीं दिशा पाती हैं, और अहंकार की जड़ें भी इसी स्तर पर मजबूत होती हैं।

यहीं महत्वाकांक्षाएँ जन्म लेती हैं, यहीं ईर्ष्या, प्रेम, संघर्ष, उपलब्धियाँ और असफलताएँ महसूस होती हैं। इस अवस्था में व्यक्ति स्वयं को अपने कर्मों से पहचानने लगता

है—शिक्षक, व्यापारी, किसान, कलाकार, अधिकारी—और धीरे-धीरे उसके भीतर यह भ्रम बैठने लगता है कि "मैं वही हूँ जो मैं करता हूँ।" लेकिन "मैं" कर्म नहीं हूँ, कर्म तो केवल शरीर और मन के माध्यम से होने वाली गतिविधियाँ हैं। देखने वाला उनसे परे है।

इस सत्य को समझाने वाली एक गहरी कहानी हमारे ग्रंथों में मिलती है। एक विद्यार्थी अपने गुरु के पास आकर बोला—"गुरुदेव, मैं अपने बारे में समझना चाहता हूँ कि मैं वास्तव में कौन हूँ। पर यह जाग्रत दुनिया मुझे बार-बार भ्रमित करती है। कभी मैं अपने शरीर को 'मैं' मान लेता हूँ, कभी विचारों को, कभी भावनाओं को। मैं इस भ्रम से कैसे निकलूँ?" गुरु ने मुस्कराकर उसे पानी से भरा एक गिलास दिया और कहा—"इस गिलास को एकाग्रता से देखो।" विद्यार्थी देखता रहा। फिर गुरु ने धीरे से पूछा, "अब बताओ, तुमने क्या देखा?" विद्यार्थी बोला—"गिलास और पानी।" गुरु ने कहा—"लेकिन तुम्हारी आँखें गिलास और पानी को देख सकीं क्योंकि प्रकाश मौजूद था। यदि प्रकाश न होता, तो तुम कुछ नहीं देख पाते। लेकिन तुमने ध्यान किस पर दिया? गिलास और पानी पर—प्रकाश पर नहीं। इसी प्रकार जाग्रत अवस्था में तुम्हारी चेतना प्रकाश की तरह सब कुछ प्रकाशित करती है, पर तुम्हारा ध्यान शरीर, मन और संसार पर जाता है।

जब तक तुम चेतना पर ध्यान नहीं दोगे, तुम अपने 'स्व' को कैसे पहचानोगे?" यह कहानी जाग्रत अवस्था के रहस्य को उजागर करती है—हम संसार देखते हैं, पर देखने वाले को भूल जाते हैं। जाग्रत अवस्था में बाहरी दुनिया का आकर्षण बहुत शक्तिशाली होता है। इंद्रियाँ लगातार हमें बाहर खींचती रहती हैं। एक सुंदर दृश्य, एक मोहक गंध, एक मधुर ध्वनि—मन तुरंत बाहर दौड़ता है। लेकिन इस दौड़ में वह अपने केंद्र से दूर होता जाता है।

मन जितना बाहर जाता है, भीतर उतना ही खाली और बेचैन होता है। इसी बेचैनी के कारण मनुष्य अधिक वस्तुएँ, अधिक अनुभव, अधिक संबंध, अधिक सफलता, अधिक मान-सम्मान के पीछे दौड़ता है। और फिर भी संतुष्टि नहीं मिलती क्योंकि जाग्रत अवस्था का संसार अनंत इच्छाओं को जन्म देता है, पर उन्हें कभी पूर्ण नहीं करता। महर्षि पतंजलि ने कहाः **"वृत्तिसारूप्यम् इतरत्र"**—मन जिस रूप को निरंतर देखता है, उसी से अपनी पहचान बना लेता है। और जाग्रत अवस्था में मन बाहरी वस्तुओं को अधिक देखता है, इसलिए व्यक्ति स्वयं को उन्हीं के आधार पर परिभाषित करने लगता है।

जाग्रत अवस्था केवल अनुभव का स्तर ही नहीं, बंधन का स्तर भी है—क्योंकि यहीं आसक्ति जन्म लेती है। हम चीज़ों से जुड़ते हैं, संबंधों से, परिस्थितियों से, उपलब्धियों से, और फिर उनके खोने का भय पैदा होता है। "जाग्रत अवस्था" जितना बाहरी दुनिया का अनुभव कराती है, उतना ही हमें उस दुनिया से बाँधती भी है। यही कारण है कि ऋषियों ने

इस अवस्था को सबसे महत्वपूर्ण साधना का क्षेत्र कहा है। यदि कोई जाग्रत अवस्था में सचेत हो जाए, बाहर की वस्तुओं का अनुभव करते हुए भीतर के साक्षी को भी पहचान ले, तो प्रत्येक क्षण ध्यान बन सकता है।

बुद्ध ने कहा था: "सतर्कता ही मुक्ति का मार्ग है।" सतर्कता का अर्थ है—जाग्रत अवस्था में जो कुछ हो रहा है, उसे पूर्ण जागरूकता से देखना। जब आप चलते हैं, तो जानें कि "मैं चल रहा हूँ।" जब बोलते हैं, तो महसूस करें कि "बोलने वाला एक साक्षी है।" जब देखते हैं, तो समझें कि "देखने वाला शरीर नहीं, चेतना है।" इस तरह का जागरण धीरे-धीरे साधक को दुनिया में रहते हुए भी दुनिया के पार ले जाता है।

जाग्रत अवस्था में हम दुनिया को "वास्तविक" मान लेते हैं, लेकिन यह वास्तविकता अनुभव पर आधारित है, सत्य पर नहीं। सपने में भी अनुभव वास्तविक लगता है, पर वह सत्य नहीं होता। उसी तरह जाग्रत अवस्था का अनुभव भी चेतना द्वारा रचा हुआ एक निरंतर परिवर्तित होने वाला दृश्य है। गीता में कहा गया है: **"क्षेत्रज्ञं चापि मां विद्धि"**—जो क्षेत्र (शरीर–मन–इंद्रियों का जगत) को जानता है, वह मैं हूँ। यह वाक्य जाग्रत अवस्था की सबसे बड़ी सीमा को प्रकट करता है—जाग्रत अवस्था क्षेत्र है, और "मैं" क्षेत्रज्ञ, यानी उसका दर्शक।

जाग्रत अवस्था की अंतिम सच्चाई यह है कि यह साधन है, साध्य नहीं। इसका उद्देश्य व्यक्ति को संसार में चलने, सीखने और कर्म करने का अवसर देना है—लेकिन इस अवस्था में अटक जाना आत्मा की असली यात्रा को रोक देता है। जाग्रत अवस्था का उपयोग तभी सार्थक है जब व्यक्ति इसे आत्म-साक्षात्कार के माध्यम के रूप में जाने। हम जो देखते हैं, जो सुनते हैं, जो अनुभव करते हैं—वे सभी केवल संकेत हैं; संकेत यह बताने के लिए कि चेतना उनके पीछे है। संसार एक दर्पण है जिसमें हम अपनी चेतना के प्रतिबिम्ब देखते हैं। और जब साधक इस रहस्य को पहचान लेता है, तब जाग्रत अवस्था किसी बंधन की नहीं, मुक्ति की पहली सीढ़ी बन जाती है।

इस प्रकार जाग्रत अवस्था केवल बाहरी दुनिया का अनुभव नहीं है; यह दिव्यता के स्पर्श का अवसर भी है। जब व्यक्ति "बाहर" को देखते-देखते "भीतर" को देखना सीख जाता है, तब वही इंद्रियाँ जो उसे दुनिया से बाँधती थीं, उसे आत्मा तक ले जाने का मार्ग बन जाती हैं। यही जाग्रत अवस्था का रहस्य है—यह न तो गलत है, न बाधा; यह तो द्वार है। बस इसे द्वार की तरह उपयोग करना आना चाहिए।

➢ स्वप्न अवस्था — मन की दुनिया का अनुभव

स्वप्न अवस्था चेतना का वह अद्भुत क्षेत्र है जहाँ बाहरी वास्तविकता का कोई प्रभुत्व नहीं चलता, और मन अपनी ही बनाई हुई दुनिया का स्वामी बन जाता है। यह अवस्था जाग्रत और सुषुप्ति के बीच का पुल है, जहाँ चेतना जागी हुई भी है और सोई हुई भी। मनुष्य जब स्वप्न देखता है, तो वह अपने भीतर के संसार में प्रवेश कर चुका होता है— एक ऐसा संसार जहाँ विचार रूप लेते हैं, भावनाएँ दृश्य बन जाती हैं, स्मृतियाँ कहानी बन जाती हैं और मन स्वयं निर्देशक, अभिनेता और दर्शक तीनों बन जाता है। इसीलिए स्वप्न केवल एक मानसिक घटना नहीं, बल्कि चेतना के रहस्यों का एक जीवंत द्वार हैं।

स्वप्न अवस्था को समझना इसलिए महत्वपूर्ण है क्योंकि यह हमें हमारे मन की गहराई का वह रूप दिखाती है जिसे जाग्रत अवस्था कभी उजागर नहीं कर पाती। जाग्रत अवस्था में मन बाहरी घटनाओं से बंधा होता है, पर स्वप्न में वह स्वयं अपने भीतर की परछाइयों से संवाद करता है। कोई बाधा नहीं, कोई सामाजिक नियम नहीं— केवल मन की मुक्त लहरें। स्वप्न की दुनिया मन की भाषा में लिखी हुई वह कहानी है जिसे मन स्वयं पढ़ना चाहता है। इसलिए स्वप्न को नज़रअंदाज़ करना अपनी ही आंतरिक बुद्धि के संदेश को अनसुना कर देना है।

स्वप्न अवस्था की सबसे अद्भुत बात यह है कि यहाँ तर्क और समय अपनी संरचना खो देते हैं। कभी कोई दृश्य अचानक बदल जाता है, कभी कोई असंभव परिस्थिति वास्तविक लगती है, कभी दो विरोधी बातें एक साथ सत्य प्रतीत होती हैं। इसका अर्थ यह नहीं कि स्वप्न बेतरतीब हैं; इसका अर्थ यह है कि स्वप्न मन की सहज भाषा में व्यक्त होते हैं— प्रतीकों, संकेतों और अस्पष्ट रूपों में। जैसे कला शब्दों से नहीं, रंगों से बात करती है; वैसे ही स्वप्न स्पष्ट वाक्यों से नहीं, आंतरिक चिह्नों से स्वयं को व्यक्त करते हैं।

स्वप्न अवस्था मन के तीन स्तरों के बीच एक जीवंत संवाद है— स्मृति, कल्पना और भावनाएँ। स्मृति वह सामग्री देती है जिससे स्वप्न बनते हैं; कल्पना उन सामग्रियों को जोड़कर दृश्य और परिस्थिति का ताना-बाना बनाती है; और भावनाएँ उस दृश्य को अर्थ देती हैं। मन रात में उन अनसुलझी भावनाओं को स्वप्न में पिरोता है जो जाग्रत अवस्था में दबा दी गई थीं। यही कारण है कि कुछ सपने परेशान करने वाले होते हैं, कुछ सुकून देने वाले, और कुछ इतने रहस्यमय कि सुबह तक उनका अर्थ पकड़ में नहीं आता। परंतु हर स्वप्न, चाहे कितना भी अजीब क्यों न लगे, मन के किसी पहलू को प्रकट करता है।

उदाहरण के लिए एक साधारण घटना लें— दिन में किसी के साथ कोई छोटा-सा विवाद हुआ, और व्यक्ति ने उस समय स्वयं को शांत दिखा लिया। पर भीतर एक हल्की-सी खीझ

रह गई। रात में शायद वही व्यक्ति स्वप्न में किसी संघर्ष, किसी पीछा करने, या किसी टकराव का अनुभव करे। स्वप्न तर्क से नहीं, भावनाओं के प्रवाह से चलता है। वह उस छोटी-सी खीझ को भी अपने प्रतीकों में बदल देता है। इसी तरह, कोई गहरी इच्छा जो जाग्रत अवस्था में दबा दी गई हो, स्वप्न उसे नृत्य करने का मंच दे देता है। इसीलिए योगवासिष्ठ में कहा गया है— "स्वप्न मन की अधूरी कहानियों का दर्पण है।"

स्वप्न अवस्था का एक और रहस्य है— यहाँ "मैं" स्थिर नहीं रहता। कभी व्यक्ति स्वयं अपने रूप में स्वप्न में उपस्थित होता है, कभी किसी और व्यक्ति की दृष्टि से घटनाओं को देखता है, और कभी ऐसा भी होता है कि वह केवल एक निरीक्षक बनकर दृश्य को unfold होते हुए देखता है। यह परिवर्तन यह दर्शाता है कि स्वप्न में 'अहं' जाग्रत अवस्था जितना कठोर और स्थायी नहीं होता। अहं का यह ढीलापन हमें यह संकेत देता है कि चेतना किसी निश्चित रूप तक सीमित नहीं है। स्वप्न की दुनिया हमें यह समझाने आती है कि "मैं" किसी रूप का कैदी नहीं हूँ।

स्वप्न में समय भी अपना प्रवाह बदल देता है। कुछ ही क्षणों में ऐसा लगता है मानो कई वर्षों की कहानी बीत गई हो। कभी लगता है स्वप्न बहुत लंबा था, पर जागने पर पता चलता है कि कुछ ही मिनट बीते हैं। यह इसलिए होता है क्योंकि स्वप्न का समय मन का समय है— वह चेतना की गति से चलता है, न कि घड़ी की सुइयों से। मन जहाँ तेज़ हो, समय सिमट जाता है; मन जहाँ धीमा हो, समय फैल जाता है। इस अंतर को समझना हमें यह संकेत देता है कि समय वास्तव में चित्त की गहराई पर आधारित एक अनुभव है, कोई कठोर वस्तु नहीं।

स्वप्न अवस्था मन के भीतर दबे हुए अनुभवों का एक उपचार-स्थल भी है। मन में जो असंतुलन, विसंगतियाँ या बोझ जमा हो जाते हैं, स्वप्न उन्हें अपने ढंग से हल्का कर देता है। कई मनोवैज्ञानिक मानते हैं कि स्वप्न एक प्रकार का मानसिक संतुलन चक्र है— दिन में जो मन स्वीकार नहीं करता, स्वप्न उसे संसाधित कर लेता है। इसी कारण कभी-कभी व्यक्ति सुबह किसी अजीब-से सपने के बाद हल्का महसूस करता है। उसने रात में अपने भीतर के एक भार को प्रकट करके छोड़ दिया होता है। इस तरह स्वप्न मन के स्वास्थ्य का अदृश्य चिकित्सक है।

स्वप्न की दुनिया का सबसे रहस्यमय पक्ष है— इसकी रचनात्मकता। जाग्रत अवस्था में हम अक्सर तर्क और सीमाओं में बंध जाते हैं, पर स्वप्न में मन मुक्त होकर उड़ता है। इतिहास में अनेक कलाकार, कवि, वैज्ञानिक ऐसे रहे हैं जिन्हें अपने महत्वपूर्ण विचार, चित्र या सूत्र स्वप्न में मिले। मन जब बाहरी नियमों से मुक्त होता है, तब रचनात्मकता की नदियाँ स्वतः बहने

लगती हैं। इसका अर्थ यह है कि मन में छिपी प्रेरणा, छिपी बुद्धि, और छिपी संवेदना का स्रोत स्वप्न में कहीं अधिक खुलकर प्रकट होता है।

एक छोटी-सी कहानी स्वप्न के स्वभाव को स्पष्ट करती है— एक राजा को बार-बार एक ही स्वप्न आता था कि वह एक लंबी सीढ़ी चढ़ रहा है और जैसे ही सीढ़ी का अंतिम पायदान आता है, वह नीचे गिर जाता है। इसका भय उसे दिनभर अस्थिर रखता था। एक वृद्ध साधु ने उससे कहा— "स्वप्न उस बात का संकेत है जिसे तुम जाग्रत जीवन में अनदेखा कर रहे हो।" राजा ने अपनी दिनचर्या पर ध्यान दिया। वह अपने राज्य को सुधार रहा था, योजनाएँ बना रहा था, निर्माण कर रहा था, पर अपने भीतर की बेचैनी पर ध्यान नहीं दे रहा था। वह बाहरी उपलब्धियाँ चढ़ रहा था, पर भीतर का संतुलन खो रहा था। स्वप्न उस गिरावट का प्रतीक था। जब उसने अपने भीतर की आवाज़ को सुनना शुरू किया, स्वप्न अपने आप बंद हो गया। स्वप्न का संदेश शब्दों में नहीं, प्रतीकों में बोला था— और समझ आने पर उसका बोझ मिट गया।

स्वप्न अवस्था का एक गहरा आयाम यह भी है कि इसमें व्यक्ति कभी-कभी अपनी अधूरे डर और अधूरी इच्छाओं से सामना कर लेता है। जिन बातों से वह जाग्रत अवस्था में बचता है, उनका सामना स्वप्न में उससे करवाया जाता है। यह सामना कठिन लग सकता है, पर यह मन की स्वाभाविक प्रक्रिया है— क्योंकि मन किसी बात को हमेशा दबाकर नहीं रख सकता। वह किसी न किसी रूप में उभरकर सामने आती ही है। स्वप्न मन के भीतर के अंधेरे कमरों को खोल देता है ताकि भीतर प्रकाश प्रवेश कर सके। इसीलिए कुछ स्वप्न जागकर भी लंबे समय तक प्रभाव छोड़ जाते हैं— वे हमारे किसी गहरे हिस्से को छू जाते हैं।

स्वप्न अवस्था का सबसे गहन पक्ष यह है कि इसमें चेतना स्वयं को खोजने की प्रक्रिया में एक बड़ा संकेत देती है। जाग्रत अवस्था में मन बाहरी वस्तुओं में उलझा रहता है, पर स्वप्न में बाहरी वस्तुएँ नहीं होतीं— सब कुछ भीतर से ही आता है। इसका अर्थ है कि स्वप्न में अनुभव करने वाला संसार मन का निर्मित होता है। यह एक महान शिक्षा देता है— कि संसार को अनुभव करने वाला भाव मन से निर्मित होता है, वस्तुओं से नहीं। यदि स्वप्न में दुनिया मन से बनी है, तो जाग्रत अवस्था में भी अनुभव मन से ही बनते होंगे। यह समझ धीरे-धीरे व्यक्ति को उस सच्चाई की ओर ले जाती है कि अनुभव का केंद्र बाहर नहीं, भीतर है।

स्वप्न विज्ञान की दृष्टि से भी स्वप्न अवस्था अत्यंत महत्त्वपूर्ण है। नींद में मस्तिष्क की गतिविधि अत्यधिक जागृत रहती है— लगभग वैसी ही जैसी जाग्रत अवस्था में। यह दर्शाता है कि चेतना सोयी नहीं होती; केवल शरीर विश्राम करता है। मन अपनी प्रक्रिया में सक्रिय

होकर भीतर की दुनिया को खोलता है। यह तंत्र शरीर और मन के सामंजस्य में महत्त्वपूर्ण भूमिका निभाता है— भावनाओं को संतुलित रखना, यादों को सुरक्षित करना, रचनात्मकता को उभारना, और मानसिक स्वास्थ्य को स्थिर रखना।

आध्यात्मिक शास्त्रों के अनुसार स्वप्न अवस्था आत्मसाक्षात्कार की यात्रा में एक आवश्यक पड़ाव है। यह हमें यह सिखाती है कि संसार जैसा दिखता है, वैसा हमेशा नहीं होता; अनुभव जिस रूप में आते हैं, उनकी जड़ें उससे कहीं गहराई में होती हैं। स्वप्न का क्षेत्र यह समझाने के लिए है कि चेतना विभाजित नहीं है— वही चेतना कभी बाहरी दुनिया में अनुभव करती है, और कभी भीतर स्वप्नों की दुनिया में। पर दोनों दुनिया केवल अनुभव हैं; अनुभव करने वाला उनसे परे है। यही कारण है कि मंडूक्य उपनिषद स्वप्न अवस्था को चेतना के चार चरणों में एक महत्वपूर्ण अवस्था मानता है— क्योंकि यह व्यक्ति को धीरे-धीरे उस गूढ़ अनुभव की ओर ले जाती है जहाँ वह जाग्रत और स्वप्न दोनों के परे स्थित साक्षी को पहचान सके।

स्वप्न अवस्था को समझकर व्यक्ति धीरे-धीरे यह अनुभव करता है कि वह न स्वप्न है, न स्वप्न का पात्र, न स्वप्न की कहानी— वह तो केवल देखने वाला है। और जब यह समझ गहरी होती है, तब स्वप्न अवस्था भय, भ्रम या अनिश्चितता का स्थान नहीं रह जाती— वह आत्मज्ञान की यात्रा का मौन शिक्षक बन जाती है।

➢ सुषुप्ति — शून्यता, पर अस्तित्व बरकरार

नींद की तीन अवस्थाओं में सुषुप्ति वह गूढ़ आयाम है जिसे समझने के लिए केवल शब्द पर्याप्त नहीं होते। यह वह शांत, अनाम, निर्बंध क्षण है जब मन अपनी सारी परतों—जाग्रत विचारों, स्वप्नों की हलचल, इच्छा- अनिच्छा के उतार-चढ़ाव—सबको छोड़कर एक ऐसे विस्तार में प्रवेश करता है जहाँ कुछ भी दिखाई नहीं देता, पर सब कुछ मौन रूप से विद्यमान रहता है।

सुषुप्ति को अक्सर शून्यता कहा जाता है, लेकिन यह शून्यता रिक्तता नहीं—बल्कि एक अदृश्य आधार है जिस पर अस्तित्व का संपूर्ण ढाँचा टिकता है। यह वह घाटी है जहाँ चेतना विश्राम नहीं करती, बल्कि अपने वास्तविक केंद्र में विराजमान हो जाती है। शरीर स्थिर होता है, मन मौन, पर आत्मा एक बेहद शांत लय में धड़कती रहती है। यह लय इतनी सूक्ष्म होती है कि जाग्रत अवस्था में हम उसे पकड़ नहीं पाते; पर सुषुप्ति में यह लय ही हमारी वास्तविक उपस्थिति बन जाती है। दिनभर मन अनगिनत दिशाओं में दौड़ता है—इच्छाएँ पीछा करती हैं, भय रोकता है, यादें खींचती हैं, और योजनाएँ भविष्य की ओर धकेलती हैं।

मन का यह निरंतर बहिर्गमन हमें इतनी थकान दे देता है कि रात जैसे ही उतरती है, हम एक अदृश्य शक्ति के सामने समर्पित हो जाते हैं। यही समर्पण धीरे-धीरे सुषुप्ति की ओर ले जाता है। इस अवस्था में मन की सारी गतिविधियाँ जैसे किसी विशाल सागर में डूब जाती हैं। सतह पर लहरें दिखाई नहीं देतीं, पर गहराई में समुद्र अभी भी जीवित है।

सुषुप्ति एक ऐसी ही गहराई है—जिसमें व्यक्त मन तो शांत हो जाता है, पर अव्यक्त चेतना अपने सबसे शुद्ध रूप में उपस्थित रहती है। यह अवस्था मनुष्य के भीतर एक अद्भुत पुनर्संरचना का कार्य करती है, जिसे हम जागने पर केवल एक हल्केपन, एक ताजगी या एक अज्ञात शांति के रूप में महसूस कर पाते हैं।

प्राचीन दार्शनिकों ने सुषुप्ति को जीवन की सबसे प्रामाणिक अवस्थाओं में से एक माना है, क्योंकि इसमें मनुष्य स्वयं के सबसे निकट पहुँच जाता है। उपनिषद का एक गहन वाक्य कहता है— **"न तत्र पिता जनिता न मातरं स्मरति, न सुखं न दुःखं।"** अर्थात इस अवस्था में व्यक्ति न किसी सुख का ज्ञान रखता है, न किसी दुःख का; वह न किसी संबंध को पहचानता है, न किसी भय को। परंतु फिर भी उसका अस्तित्व पूर्णतः बना रहता है। यह वही क्षण है जब व्यक्ति अपनी व्यक्तिगत पहचान—अपने नाम, अपने संबंधों, अपने विचारों, अपने अहंकार—सबको पीछे छोड़ देता है और शुद्ध 'मैं हूँ' के अनुभव में विलीन हो जाता है। यही अनुभव सुषुप्ति का मूल है—शून्यता, पर अस्तित्व का अखंड प्रवाह।

एक बार एक शिष्य ने अपने गुरु से पूछा, "गुरुदेव, जब मैं गहरी नींद में जाता हूँ, तब मुझे कुछ भी याद क्यों नहीं रहता? और फिर भी जागने पर मैं स्वयं को पहले जैसा ही क्यों पाता हूँ?" गुरु ने गहरी मुस्कान के साथ कहा, "यादों का न होना अस्तित्व के मिट जाने का प्रमाण नहीं है। जब तुम जल में डुबकी लगाते हो, तो ऊपर आने तक जल के भीतर का दृश्य याद न भी रहे, तो भी तुम अस्तित्व में रहते हो। सुषुप्ति चेतना की ऐसी ही डुबकी है जहाँ स्मृति अस्थायी रूप से डूब जाती है, पर अस्तित्व सदैव सुरक्षित रहता है।" यह सुनकर शिष्य ने पहली बार समझा कि गहरी नींद कोई विस्मृति नहीं, बल्कि आत्मा की एक शांत यात्रा है जो हर रात हमें हमारे मूल स्वरूप की ओर खींचती है।

सुषुप्ति की यह यात्रा अत्यंत सूक्ष्म होती है। मनुष्य का शरीर तो विश्राम लेता ही है, पर उससे कहीं अधिक महत्वपूर्ण यह है कि मन उस निरंतर आंतरिक कोलाहल से मुक्ति पाता है, जिसे हम दिनभर महसूस भी नहीं करते। विचारों का प्रवाह इतना तेज होता है कि वह हमारे भीतर एक निरंतर कंपन पैदा करता है। यह कंपन धीरे-धीरे थकान, अशांति और तनाव का रूप ले लेता है। सुषुप्ति इस कंपन को पूरी तरह शांत करके चेतना को उसके मूल संतुलन में स्थापित करती है।

इसीलिए प्राचीन योगियों ने कहा है कि मनुष्य की आध्यात्मिक उन्नति का अनुमान उसकी सुषुप्ति की गुणवत्ता से लगाया जा सकता है। जिसके भीतर भय कम होता है, जो असत्य से दूर रहता है, जिसका हृदय दयालु होता है—वह स्वाभाविक रूप से गहरी, शांत सुषुप्ति को प्राप्त करता है। इसका अर्थ यह नहीं कि केवल संत ही अच्छी नींद लेते हैं; बल्कि यह कि नींद का स्वरूप हमारे भीतर की नैतिक और मानसिक संरचना का दर्पण होता है।

सुषुप्ति केवल विश्राम नहीं, एक पुनर्जन्म है। हर रात जब हम इस अवस्था से गुजरते हैं, तो हमारी स्मृतियाँ, भावनाएँ और अनुभव जैसे एक नए क्रम में व्यवस्थित हो जाते हैं। विज्ञान इसे 'कॉग्निशन रिस्टोरेशन' कहता है, पर दार्शनिक इसे आत्मा का 'स्वधर्म' मानते हैं। यह प्रकृति का अद्भुत नियम है कि मनुष्य दिनभर चाहे कितना भी टूट जाए, सुषुप्ति में वह फिर से संयोजित हो जाता है। जैसे किसी कलाकार का कैनवस गहरे रंगों से भर जाए और रात का शांति-क्षण उसे नए रंगों के लिए तैयार कर दे—वैसे ही सुषुप्ति हमारी चेतना से अनावश्यक बोझों को धोकर उसे निर्मल बना देती है।

कहा जाता है कि एक राजा था जो अपनी समस्याओं से इतना परेशान हो गया कि रातों को सो नहीं पाता था। उसने अनेक वैद्य, साधु, और विद्वानों से उपाय माँगे, पर कोई समाधान नहीं मिला। अंत में एक वृद्ध संत उसके महल आए। राजा ने उनसे कहा, "मेरे पास धन है, राज्य है, शक्ति है, पर नींद नहीं। यदि आप मेरी सुषुप्ति लौटा दें तो मैं इसे सबसे बड़ा वरदान मानूँगा।" संत ने शांत स्वर में कहा, "जब तुम्हारा मन दिनभर भागता रहेगा, तो वह रात को कैसे स्थिर होगा? सुषुप्ति उन लोगों को मिलती है जो दिन में स्वयं से युद्ध नहीं करते। तुम अपने भीतर के शोर को कम करो, नींद अपने आप आ जाएगी।" राजा ने पहली बार समझा कि उसकी समस्या बाहरी नहीं, आंतरिक है—और कुछ ही दिनों में उसने पाया कि उसका मन जैसे ही शांत हुआ, सुषुप्ति स्वयं उसके पास लौट आई।

यह कहानी हमें सिखाती है कि सुषुप्ति किसी वैद्य द्वारा दी जाने वाली औषधि नहीं, बल्कि एक आंतरिक व्यवस्था है जो केवल मन की शांति से जागृत होती है। शून्यता का अनुभव अक्सर लोगों को डराता है। उन्हें लगता है कि यदि सब कुछ मौन हो जाए, तो 'मैं' भी समाप्त हो जाऊँगा। पर सुषुप्ति इस भ्रम को तोड़ती है। यह हमें प्रतिदिन सिखाती है कि शून्यता में प्रवेश करने के बाद भी हम बने रहते हैं। यह अनुभव जाग्रत अवस्था में हमें नहीं मिलता, क्योंकि तब मन हर दिशा में व्यस्त रहता है। गहरी नींद में हम अपने बारे में कुछ नहीं जानते, फिर भी हम अस्तित्व में होते हैं। यही अदृश्य उपस्थिति बताती है कि हमारा वास्तविक स्वरूप शरीर या मन से कहीं अधिक गहरा है। मनुष्य के भीतर एक ऐसी ऊर्जा है

जिसे न विचार छू सकते हैं, न भावनाएँ मिटा सकती हैं। वह आत्मा का शाश्वत प्रकाश है, और सुषुप्ति उसका सबसे सरल, सबसे सीधा अनुभव है।

कई दार्शनिक मानते हैं कि सुषुप्ति एक छोटी-सी मृत्यु के समान है, क्योंकि इसमें अहंकार का अस्तित्व समाप्त हो जाता है। लेकिन इसे मृत्यु कहना भी उचित नहीं, क्योंकि इसमें जीवन की जड़ें और भी अधिक प्रबल हो जाती हैं। मृत्यु के बाद हम शायद कुछ जान नहीं पाते, पर सुषुप्ति के बाद हम और अधिक सचेत होकर लौटते हैं—एक ऐसे पुनर्जीवन के साथ, जो शरीर को नई शक्ति, मन को नई स्पष्टता, और हृदय को नई संवेदनशीलता देता है। यही कारण है कि उपनिषद कहते हैं— "सुषुप्ति में ब्रह्म एकमात्र साक्षी बनकर स्थित होता है।" जब सब कुछ सो चुका होता है, तब भी वह जागता है—उसी जागरूकता की झलक हम हर सुबह अपनी ताजगी में महसूस करते हैं।

सुषुप्ति जीवन की उस गहरी परंपरा का हिस्सा है जो हमें बताती है कि मनुष्य का अस्तित्व केवल उसकी जाग्रत अवस्था पर निर्भर नहीं है। हमारी पहचान, हमारा ज्ञान, हमारी उपलब्धियाँ, हमारी असफलताएँ—ये सब जाग्रत अवस्था के खिलौने हैं। सुषुप्ति हमें इन सभी खिलौनों से मुक्त कर देती है और हमारी चेतना को उस मातृ-भूमि में पहुँचाती है जहाँ से जीवन की यात्रा शुरू होती है। यह मातृ-भूमि किसी स्थान पर नहीं, हमारे ही भीतर स्थित है। यह वही स्थान है जहाँ आत्मा बिना किसी बाधा, बिना किसी पहचान के, पूरी तरह स्वतंत्र रहती है।

मनुष्य यदि इस अवस्था के महत्व को समझ ले, तो उसके भीतर का भय बहुत हद तक समाप्त हो सकता है। वह धीरे-धीरे यह जानने लगता है कि उसका वास्तविक स्वरूप नष्ट नहीं हो सकता। चाहे दिन कितना भी कठिन क्यों न हो, चाहे मन कितना भी टूट जाए, चाहे दुख कितना भी गहरा क्यों न लगे—सुषुप्ति में वह स्वयं को फिर से पा सकता है। यह अनुभूति धीरे-धीरे जीवन के प्रति एक नई दृष्टि पैदा करती है—जहाँ बाहरी हलचल कम महत्वपूर्ण हो जाती है और आंतरिक शांति प्राथमिक।

इस प्रकार सुषुप्ति केवल नींद का एक चरण नहीं, बल्कि आत्मा की एक गहन यात्रा है—एक शांत, असीम, मौन यात्रा जो हर रात हमें हमारे मूल स्वरूप से मिलाती है। यह शून्यता वास्तव में उन सब ध्वनियों का आधार है जिन्हें हम जीवन कहते हैं; और यह मौन वह शक्ति है जो हमें हर सुबह एक नए मनुष्य के रूप में जगाती है। हर रात जब हम इस शून्यता में उतरते हैं, तब हम अपने भीतर उस अस्तित्व की पुष्टि करते हैं जो न कभी जन्म लेता है, न कभी मरता है—वह केवल रहता है, हमेशा, हर पल, हर श्वास में।

यही सुषुप्ति का सत्य है—शून्यता, पर अस्तित्व सदैव अटल।

➢ तुरीय — तीनों से परे शुद्ध जागरूकता

तुरीय की अनुभूति उन सभी सीमाओं से परे है जिन्हें हम सामान्यतः चेतना के साथ जोड़ते हैं। यह न जाग्रत है, न स्वप्न, न सुषुप्ति; यह उन तीनों के पीछे स्थित वह शुद्ध प्रकाश है जो सभी अनुभवों को प्रकाशित करता है, पर स्वयं किसी अनुभव से बंधा नहीं होता। इसे शब्दों में बाँधना कठिन है, क्योंकि भाषा वही व्यक्त कर सकती है जो मन समझ सकता है—और तुरीय मन की परिधि से बाहर है। यह किसी अवस्था की तरह आता-जाता नहीं, बल्कि हमेशा उपस्थित रहता है। हम बस उसे पहचान नहीं पाते, क्योंकि जाग्रत अवस्था की गतिविधियाँ, स्वप्न का प्रवाह और सुषुप्ति का मौन—तीनों उसकी उपस्थिति पर पर्दा डाल देते हैं। तुरीय वह मौन साक्षी है जो इन सबको देखता है, पर कभी इनमें उलझता नहीं। यह चेतना का वह मीठा, अचल केंद्र है जहाँ न लहरें उठती हैं, न कोई हलचल। एक ऐसी अद्वितीय स्थिरता जो जीवन के उतार-चढ़ाव से अछूती रहती है।

तुरीय को समझने के लिए मनुष्य को अपने भीतर उतरना पड़ता है। यह कोई अनुभव नहीं, बल्कि अनुभवों के मूल में स्थित उपस्थिति है। यदि जाग्रत अवस्था दिन की रोशनी है, स्वप्न धुँधली भोर, और सुषुप्ति गहरी रात्रि—तो तुरीय वह आकाश है जो न दिन से प्रभावित होता है, न रात से। यह वह पृष्ठभूमि है जिस पर पूरी चेतना की फिल्म चलती है। अनेक ऋषियों ने कहा है कि तुरीय का स्पर्श होते ही मनुष्य अपने वास्तविक स्वरूप को पहचान लेता है—एक ऐसा स्वरूप जो सीमित देह, अस्थिर मन, और क्षणभंगुर भावनाओं से परे है। **"अयं आत्मा ब्रह्म"** — यह महावाक्य इसी सत्य की घोषणा करता है कि आत्मा स्वयं उस परम चेतना का प्रतिबिंब है जो न जन्म लेती है, न नष्ट होती है, न परिवर्तित होती है। तुरीय इसी अमरता की अनुभूति कराता है।

एक प्राचीन कथा में कहा जाता है कि एक साधक ने वर्षों तक ध्यान का अभ्यास किया। वह भीतर गहरी शांति तो महसूस करता था, पर उसे लगता था कि अभी भी कुछ शेष है—कुछ ऐसा, जिसे वह शब्दों में नहीं कह सकता, पर जिसकी अनुपस्थिति उसे महसूस होती थी। एक दिन उसके गुरु ने उससे कहा, "तुम शांति खोज रहे हो, पर शांति भी एक अवस्था है। अवस्था बदलेगी, तो शांति खो जाएगी। अब उस पर जाओ जो न बदलता है।" साधक ने पहली बार समझा कि उसे किसी अनुभव की नहीं, बल्कि उस उपस्थिति की तलाश करनी है जो अनुभवों के पीछे है। धीरे-धीरे उसने यह जाना कि उसके भीतर एक ऐसा केंद्र है जो कभी डगमगाता नहीं, कभी घबराता नहीं, कभी थकता नहीं। यह केंद्र ही तुरीय था—उसकी असली पहचान, उसकी न मिटने वाली चेतना।

यह कहानी हमें बताती है कि तुरीय कोई उपलब्धि नहीं, बल्कि पहचान है; कोई यात्रा नहीं, बल्कि घर लौटने जैसा सहज अनुभव।

तुरीय की अनुभूति इतनी सूक्ष्म है कि आरंभ में यह क्षणभर को ही प्रकट होती है—जैसे किसी शांत झील में अचानक सूर्य की किरण चमक उठे। साधना बढ़ने पर यह चमक स्थिर प्रकाश में बदल जाती है। इस प्रकाश में मनुष्य स्वयं को, संसार को, और जीवन को एक बिल्कुल नए दृष्टिकोण से देख पाता है। तुरीय का स्पर्श होते ही 'मैं' और 'मेरा' जैसे बंधन ढीले पड़ जाते हैं। व्यक्ति अपने अस्तित्व को देह से नहीं, किसी अनदेखे, असीम विस्तार से जोड़कर महसूस करने लगता है। इसी भाव को एक श्लोक में कहा गया है— "शान्तं शिवं अद्वैतं चतुर्थं मन्यन्ते स आत्मा स विज्ञेयः।"अर्थात जिसे शांत, पवित्र, अद्वैत और चौथा कहा गया है—वही आत्मा है, और वही जानने योग्य है।

तुरीय का अनुभव संसार से भागने में नहीं, बल्कि संसार को देखते हुए उसके पीछे की मौन चेतना को पहचानने में है। यह अनुभव ध्यान में गहरा होता है, पर केवल ध्यान में सीमित नहीं। चलते हुए, मुस्कराते हुए, किसी को सुनते हुए—हर क्रिया के भीतर यह साक्षी सतत मौजूद रहता है। तुरीय वह धुरी है जिस पर पूरा जीवन घूम रहा है, पर धुरी स्वयं स्थिर है। यही कारण है कि जो व्यक्ति इस चेतना को छू लेता है, उसके भीतर किसी भी परिस्थिति को लेकर एक अजीब-सी दृढ़ता और सहजता आ जाती है। वह जीवन की उथल-पुथल को बाहर से देख पाता है, जैसे किसी शांत किनारे से नदी की लहरों को। वह लहरों को समझता है, पर उनसे डूबता नहीं।

तुरीय में प्रवेश करने का मार्ग जटिल नहीं, लेकिन सूक्ष्म है। यह कोई अलग अनुभव खोजने का प्रयास नहीं, बल्कि वर्तमान क्षण में गहराई से स्थित होने का अभ्यास है। जब मन की धारा धीमी हो जाती है, जब विचारों का शोर कम हो जाता है, जब व्यक्ति भीतर एक शुद्ध प्रतीक्षा में ठहर जाता है—तब तुरीय का सूक्ष्म प्रकाश प्रकट होता है। यह वही अवस्था है जिसमें मनुष्य पहली बार स्वयं को 'अनुभव करने वाला' नहीं, बल्कि 'साक्षी' के रूप में पहचानता है। यही साक्षित्व धीरे-धीरे अनंत की ओर ले जाता है।

जीवन में सबसे बड़ी स्वतंत्रता तुरीय से ही आती है। क्योंकि इसके अनुभव के बाद व्यक्ति जान लेता है कि वह न अपने विचारों से परिभाषित है, न अपनी सफलताओं से, न अपने संघर्षों से। वह इन सबका दर्शक है, निर्माता नहीं; वह इनका अनुभव करता है, पर इनमें खोता नहीं। तुरीय यह समझाता है कि आत्मा कोई चलायमान वस्तु नहीं—वह स्थिर प्रकाश है, और जो स्थिर है वही असीम होता है।

इस चेतना की गहराई में उतरते हुए मनुष्य एक अनूठे आंतरिक विस्तार को महसूस करता है—एक ऐसा विस्तार जो किसी स्थान में नहीं, एक ऐसी शांति जो किसी क्रिया से नहीं, एक ऐसा प्रकाश जो किसी दीपक से उत्पन्न नहीं। यही तुरीय है—तीनों अवस्थाओं से परे शुद्ध जागरूकता, जो हमेशा थी, है, और रहेगी। यह न खो सकती है, न घट सकती है। यह हमारे भीतर चुपचाप प्रतीक्षा करती है, जैसे समुद्र किनारे खड़े उस यात्री की प्रतीक्षा करता है जो अंततः घर लौटने का साहस कर ले। तुरीय में प्रवेश करना उसी लौटने जैसा है—अपनी मूल चेतना में, अपने असली स्वरूप में, अपने अटल अस्तित्व में। यह वह अंतिम अनुभव है जहाँ पहुँचकर यात्रा समाप्त नहीं होती, बल्कि पहली बार अर्थ पाती है।

लेखक के बारे में

लेखक एक आध्यात्मिक विचारक हैं, जो मानव चेतना, आत्म-जागरूकता और आंतरिक विकास जैसे गहन विषयों पर कार्य करते हैं। इनका उद्देश्य केवल जानकारी देना नहीं, बल्कि लोगों को स्वयं के भीतर झांकने और अपने वास्तविक स्वरूप को समझने के लिए प्रेरित करना है।

इनका YouTube चैनल "Monk Stories" आध्यात्मिकता, आत्म-खोज और जीवन के गहरे रहस्यों पर आधारित है, जहाँ ये सरल और प्रभावशाली शब्दों में जटिल विचारों को प्रस्तुत करते हैं। इस चैनल से जुड़ी हुई एक बड़ी संख्या में दर्शक इनकी बातों से प्रेरित होकर अपने जीवन में सकारात्मक परिवर्तन का अनुभव कर रहे हैं।

आज इनके चैनल पर 1 लाख से अधिक subscribers हैं, जो इनके विचारों और दृष्टिकोण पर विश्वास रखते हैं। लेखक का मानना है कि हर व्यक्ति के भीतर एक गहरी सच्चाई छिपी होती है, जिसे केवल बाहरी दुनिया में नहीं, बल्कि अपने भीतर जाकर ही जाना जा सकता है।

इनकी रचनाएँ और विचार पाठकों को स्वयं से जुड़ने, मन को समझने और जीवन को एक नई दृष्टि से देखने की प्रेरणा देते हैं।

www.ingramcontent.com/pod-product-compliance
Lightning Source LLC
LaVergne TN
LVHW090331210926
848480LV00004B/1371
9798904510855